suhrkamp taschenbuch 4518

Meistern Sie Pubertäts- und Ehekrisen mit der Lässigkeit eines Al Bundy und entscheiden Sie, ob bei Erbstreitigkeiten die Guldenburgs oder die Ewings die besseren Tipps parat haben. Stricken Sie für Ihren Liebsten zu Weihnachten Bill Cosbys Pullover nach und lernen Sie von Mutter Beimer, wie man ein Dirndl richtig bügelt. Wir liefern Ihnen den ultimativen Ratgeber für alle Lebens- und Familienfragen von der Wiege bis zur Bahre.

Niklas Hofmann wurde 1979 geboren. Erst beklagenswert spät drehte sein Vater die Dachantenne auf RTL-Empfang ein. Um andere Privatsender zu sehen, musste er noch bis in die sechste Klasse hinein Schulfreunde besuchen. Trotz oder wegen derartiger Entwicklungshemmnisse arbeitet er heute als Journalist in Berlin, unter anderem für die *Süddeutsche Zeitung.*

Klaus Raab, 1978 geboren, ist seit vielen Jahren ununterbrochen Sohn. Nebenbei ist er mittlerweile auch Vater, was sein Faible für Familienserien erklärt, die er früher zwar auch schon sah – aber damals sprach er nicht darüber. Seine Lieblingsfamilienserie ist *Six Feet Under,* logisch. Aber *Diese Drombuschs* kommt fast direkt danach.

Niklas Hofmann, Klaus Raab

Die ultimativen Fernsehfamilien der 80er

Der große Vergleich:
Familienserien der Achtziger

Suhrkamp

Illustrationen von Niels Schröder

Erste Auflage 2015
suhrkamp taschenbuch 4518
Originalausgabe

Druck und Bindung: CPI – Ebner & Spiegel, Ulm
Gestaltung: Karsten Middeldorf
Printed in Germany
ISBN 978-3-518-46518-9

Die ultimativen Fernsehfamilien der 80er

EINLEITUNG

Guten Tag,

wer in den Achtzigerjahren mit Fernsehen sozialisiert wurde, erinnert sich an feste Ausstrahlungstermine, die den Tag strukturierten. An unglaubliche Schulterpolster. Und vor allem an einige der größte Figuren, die der Kulturträger Fernsehen je hervorgebracht hat. An Alf, den berühmten Außerirdischen. An Vater Drombusch und seinen theatralisch dargestellten Tod. An J.R. Ewing und seine Tricks. An Peggy Bundy, die ihr Gesäß nicht von der Couch bewegte. An Werner Schumanns Tausch Porsche gegen Passat. An den fiesen Glatzkopf aus dem Umfeld der Guldenburgs. Und an Mutter Beimers Schrankwand.

Die Achtziger- und Neunzigerjahre waren eine gute Zeit, um als Fernsehfigur berühmt zu werden; vielleicht gab es nie eine bessere. Wir können uns jedenfalls an keine bessere erinnern. Glücklicherweise sind wir damals jung gewesen und konnten fernsehen, bis wir viereckige Augen bekamen, wie es damals hieß. (Heute bekommen die jungen Leute bekanntlich nur noch ADHS oder einen Handynacken.)

Bitte legen Sie jetzt Ihre ultimativen Schulterpolster ein, um in Stimmung zu kommen, bereiten Sie einen Schichtsalat zu, steigen Sie in einen eckigen Passat. Und dann: Blättern Sie einfach um!

Niklas Hofmann und Klaus Raab

FÜR EINSTEIGER

ALF

Die Serie in einem Satz: *ALF* ist eine Einführung in den Kulturrelativismus: Keine Verhaltensweise ist alternativlos.
Worum es eigentlich geht: Mit einigen Verrenkungen um US-Migrations- und Sicherheitspolitik.
Der typische Dialog: »Kate, wo stehen denn die Auflaufformen?« – »Warum?« – »Weil die Katze nicht in den Toaster passt.«

Die Hauptfiguren:
ALF, kurz für Außerirdische Lebensform, eigentlich Gordon Shumway vom Planeten Melmac, rauscht mit seinem Raumschiff in die Garage der Tanners und bleibt bei ihnen.
Willie Tanner, sozial, technophil, guter Vater, treusorgender Ehemann, Hobbyfunker und freundlicher Zeitgenosse. Stock im Hintern.
Kate Tanner, ALF gegenüber schnippische, aber wohlgesinnte Figur, die an ihrem Willie seine Verlässlichkeit schätzt.
Lynn Tanner, Teenagerin von der Sorte, die ihre Pubertät ohne größere Rebellionen rumkriegt.
Brian Tanner, ALF vergötternder Sohn.
Rachel und Trevor Ochmonek, die neugierigen Nachbarn, und ihr Neffe Jake, der zu ALFs Freunden gehört.

Vorbild: *E.T. – der Außerirdische.*
Wirkung: In der Gemeinde Alf an der Mosel wurden mehrmals die Ortsschilder geklaut.
Wer *ALF* mochte, mochte auch: *Mr. Ed (das sprechende Pferd), Zwei Nasen tanken super.*

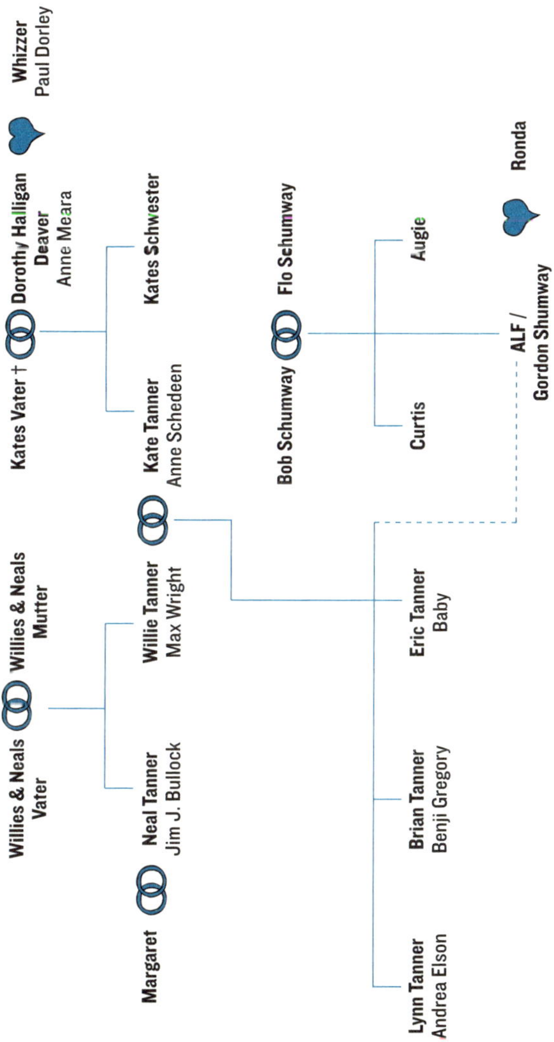

ALF, USA 1986–1990, 102 Folgen in 4 Staffeln, Erstausstrahlung: 22.9.1986 auf NBC, 5.1.1988 im ZDF

FÜR EINSTEIGER

Die glückliche Familie

Die Serie in einem Satz: *Die glückliche Familie* ist eine Serie über Schul- und Eheprobleme, Insolvenz, Tod und eine kaputte Waschmaschine.
Worum es eigentlich geht: Darum, dass man in Notfällen immer wieder nach Hause kommen kann.
Die typische Sexszene: »Kommt ein Bär, der trägt schwer, kommt einer mit, kleines Stück, kommt ein Floh, der macht so.« Vater Florian kitzelt Mutter Maria. Maria stöhnt wohlig auf: »Das hast du schon so lange nicht mehr gesagt.«

Die Hauptfiguren:
Florian Behringer, bodenständiger Diplom-Ingenieur an fortschrittlichem Arbeitsplatz (Satellitensteuerung u. Ä.), der gerne sagt, wo es langginge, wenn es nach ihm ginge.
Maria Behringer, Hausfrau und freie Journalistin für Printmagazine und Radio, die stets die Perspektiven aller Beteiligter, vor allem der Kinder, in ihre Überlegungen einbezieht und sich dann für eine lebensnahe Argumentation entscheidet.
Katja, älteste Tochter, studiert, heiratet, trennt sich, verliebt sich neu – alles normal.
Alex, aufmüpfiges Kind, Schul- und Ausbildungsabbrecherin. Die ungewollte Schwangerschaft bricht sie aber nicht ab.
Tami, die Jüngste.
Erna, sehr fränkische Haushälterin.

Vorbild: Hier und da vielleicht *Diese Drombuschs.*
Wirkung: Maria Furtwänglers und Sönke Wortmanns Karrieren. Wortmann übte hier Schauspiel und Regie.
Wer *Die glückliche Familie* mochte, mochte auch: *Forsthaus Falkenau, Der Bergdoktor.*

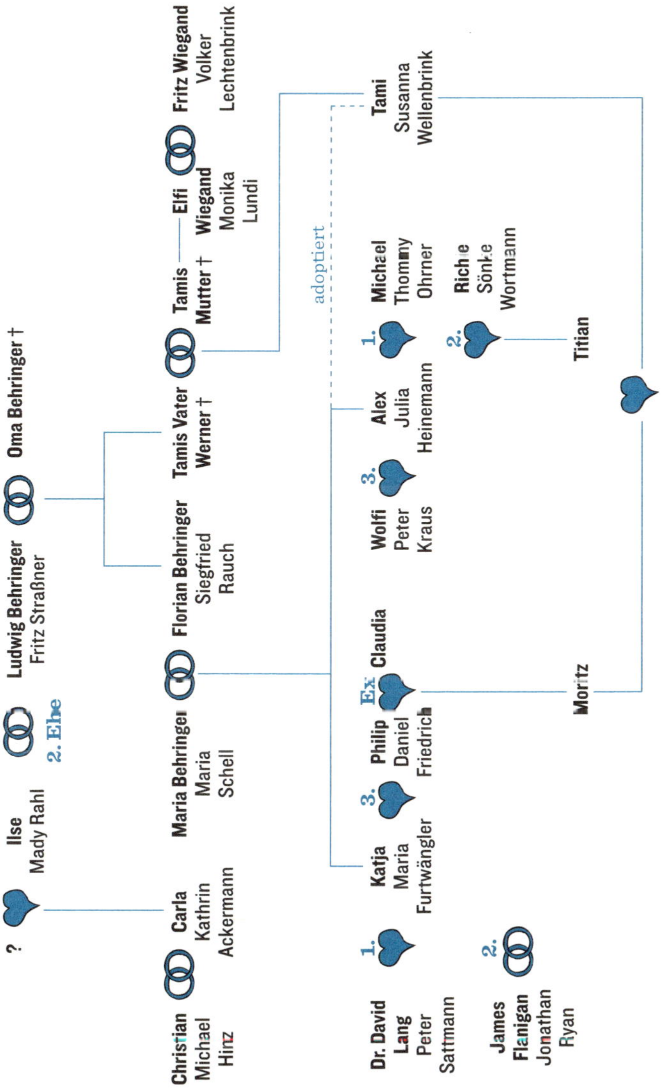

Die glückliche Familie, D 1987-1991, 52 Folgen in 3 Staffeln, Erstausstrahlung: 20.10.1987 in der ARD

FÜR EINSTEIGER

Eine schrecklich nette Familie

Die Serie in einem Satz: *Eine schrecklich nette Familie* ist nicht die *Cosby Show.*
Worum es eigentlich geht: Um die soziale Verrohung im Amerika der Reagan-Ära.
Der typische Dialog: »Ich liebe dieses Auto mehr als alles andere.« – »Dad, was ist mit uns?« – »Brauchst du ein Wattestäbchen für die Ohren?«

Die Hauptfiguren:
Alphonse oder Albert »Al« Bundy, Zweitname »Stinkefuß« oder »Folter«, Vater, vom Leben getretener Schuhverkäufer mit Käsefüßen und enormer Achselschweißproduktion.
Peggy Bundy, ambitionslose Hausfrau, die sich weigert, Hausfrau zu sein. Glücklich, wenn sie mit einer Schachtel Pralinen auf der Couch liegt.
Kelly Bundy, Tochter. Zunächst ein kluges Kind, das nach einem von Al verursachten Unfall zur »Dumpfbacke« (Al) wird.
Bud Bundy, klein geratener Sohn, Klischeepubertist (erstes Wort: »Titten«, erste Freundin: eine Gummipuppe), der sich wechselnde Namen gibt, um besser bei Frauen anzukommen.
Buck, Hund, Briard. Abgelöst in Staffel 10 vom Spaniel Lucky.
Seven Wanker, siebtes Kind von Peggys Verwandten Zemus und Ida Mae. Wohnt eines Tages bei den Bundys und geht nicht mehr (bis er die Nachbarn als bessere Familie entdeckt).

Vorbild: Die derben Komödien des Plautus (ca. 254 – 184 v. Chr.).
Wirkung: *Hausmeister Krause.*
Wer *Eine schrecklich nette Familie* mochte, mochte auch: *Hör mal, wer da hämmert, American Pie.*

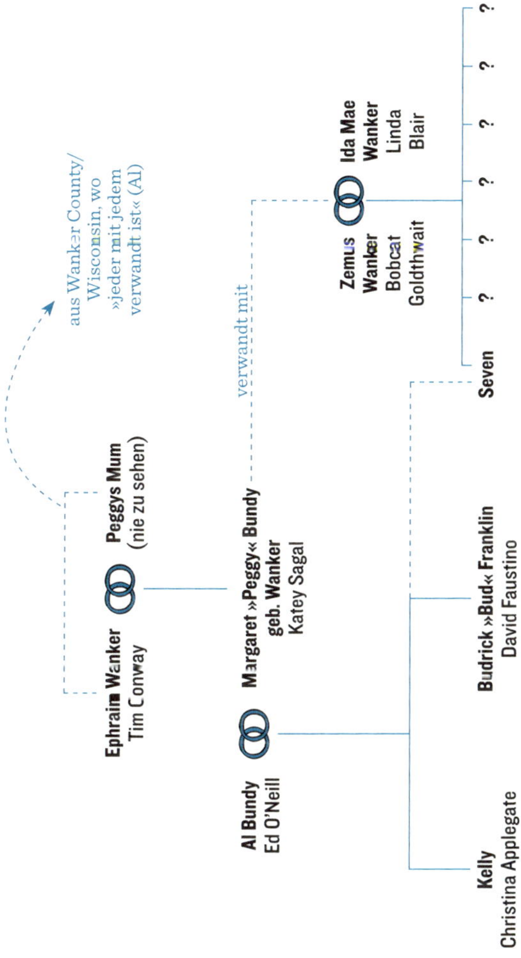

Eine schrecklich nette Familie (Original: *Married ... with Children*), USA 1987-1997, 259 Folgen in 11 Staffeln, Erstausstrahlung: 5.4.1987 auf Fox, 19.2.1992 auf RTLplus

Diese Drombuschs

Die Serie in einem Satz: *Diese Drombuschs* ist ein immerwährender Schicksalsschlag, Bewältigung inklusive.
Worum es eigentlich geht: Trümmerfrau ist keine Frage der Zeit, sondern der Haltung.
Der typische Dialog: »Wie willst du mein Verhalten beurteilen, wenn du die Gründe nicht kennst, die dazu geführt haben? Bist du hier fair?« – »Du hast es gerade nötig. Aber es sind ja immer die Unfairen, die Fairness verlangen.«

Die Hauptfiguren:
Vera Drombusch alias »Mutti«, das gute Gewissen der Familie, geplagt von ihrer Schwiegermutter, Standardblick: gequält, beleidigt und frohgemut – gleichzeitig.
Siegfried Drombusch alias »Vati« folgt bürgerlichen Grundsätzen, ist schlagfertig, humorbegabt, etwas bieder.
Marion Drombusch, aufmüpfige, sich bald von den familiären Fesseln lossagende Tochter, die sich aber jederzeit ihre Wäsche waschen lässt.
Chris Drombusch, bei seiner Hochzeit Christian, bei seiner Beerdigung Christoph genannt. Polizist, Mann von Tina.
Thomi Drombusch, schlechter Schüler, guter Violinist.
Ludwig Burlitz, Onkel. Innenarchitekt, Kellner oder Wirt? Multijobber! Mit einem guten Herz und Hang zu Mogeleien.

Vorbild: *Die Unverbesserlichen* mit Inge »Mutter der Nation« Meysel von Robert Stromberger.
Wirkung: Alle später kommenden Serien mussten sich am großen Quotenerfolg der *Drombuschs* messen lassen.
Wer *Diese Drombuschs* mochte, mochte auch: *Die Unverbesserlichen, Der blaue Bock,* die Bibel.

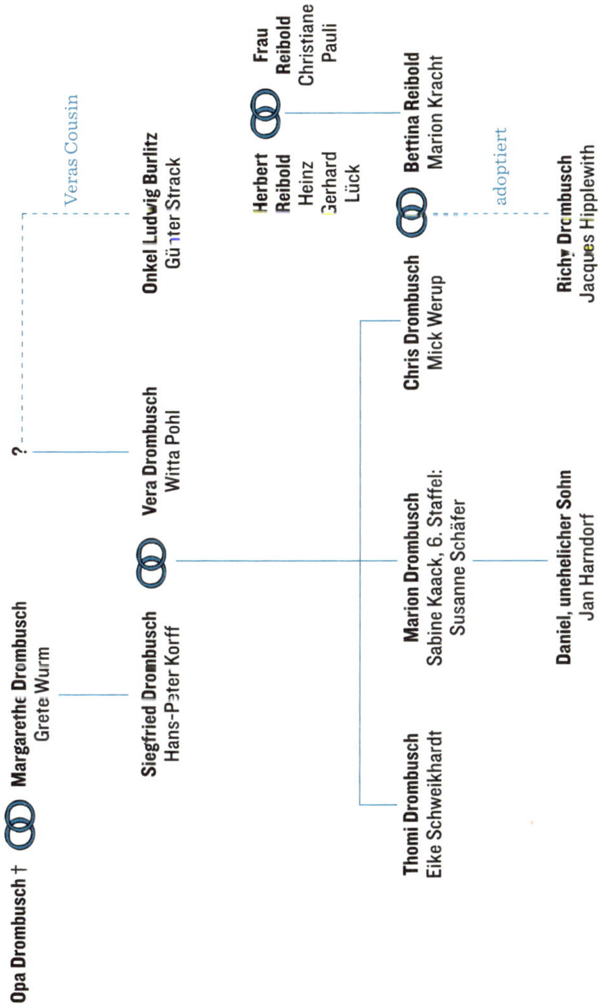

Diese Drombuschs, D 1982-1993, 39 Folgen in 6 Staffeln, Erstausstrahlung: 25.12.1983 im ZDF

FÜR EINSTEIGER

Dallas

Die Serie in einem Satz: *Dallas* ist die Geschichte einer texanischen Familie, die im Ölgeschäft tätig ist und über der beruflichen Konkurrenz zweier Brüder zu zerbrechen droht.
Worum es eigentlich geht: Den Kampf um Liebe und Anerkennung. Und um die Produktion nervenaufreibender Cliffhanger.
Der typische Dialog: »Eher friert die Hölle zu, als dass Sie in diesem Büro arbeiten.« – »Dann schnallen Sie am besten Ihre Schlittschuhe an, es wird ein langer Winter.«

Die Hauptfiguren:
J.R. Ewing, der intrigante älteste Sohn von Jock und Ellie Ewing, der seine guten Seiten gut zu verbergen weiß.
Bobby, J.R.s menschenfreundlicherer Bruder, der sich unter dem Eindruck von J.R.s Schweinereien auch ein paar schlechte Eigenschaften zulegt, wie seine Frau Pamela findet.
Gary, der dritte Bruder, der eine kleinere Rolle spielt, und **Ray Krebbs,** der uneheliche Stiefbruder der drei (väterlicherseits).
Sue Ellen Shepard Ewing, Alkoholikerin, **Pamela Barnes Ewing,** Halbschwester von J.R.s Erzfeind **Cliff Barnes,** und **Donna McCullum** – die Frauen von J.R., Bobby und Ray.
Miss Ellie, die gütige Mutter, die die Familie zusammenhalten will, und Frau, später Witwe von Jock Ewing.

Vorbild: *Giganten* mit James Dean und *Die Waltons.*
Wirkung: *Denver-Clan, Das Erbe der Guldenburgs, Lindenstraße.*
Wer *Dallas* mochte, mochte auch: das *Dallas*-Spin-Off *Unter der Sonne Kaliforniens, Falcon Crest,* Whiskey.

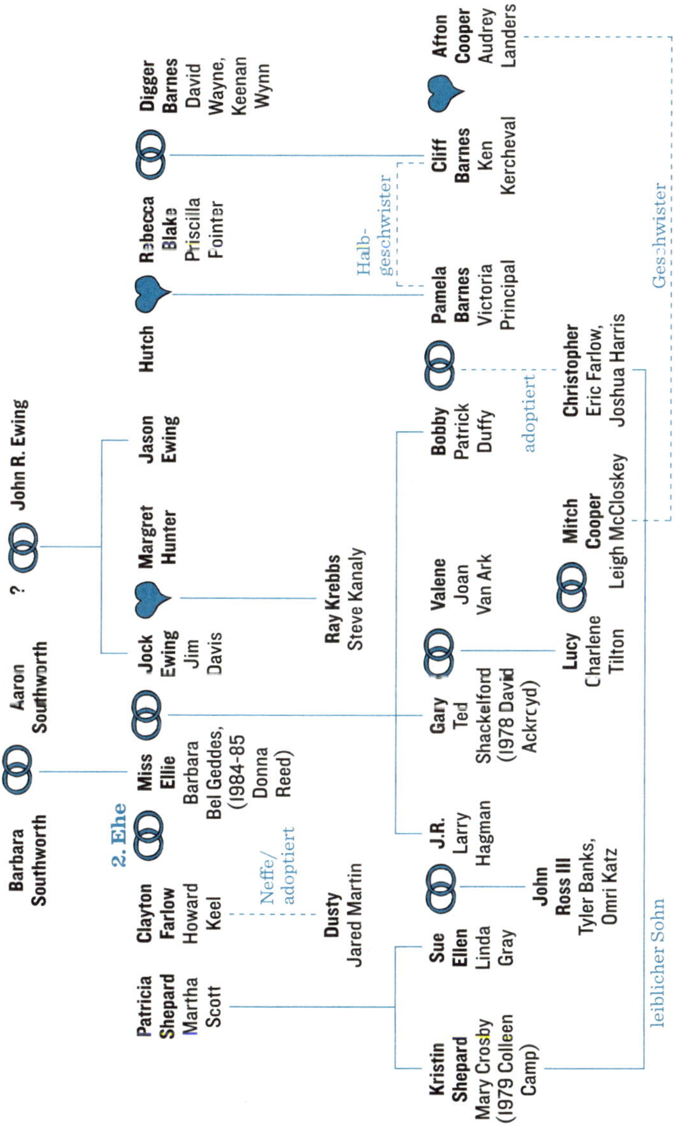

Dallas, USA 1978-1991, 357 Folgen in 14 Staffeln und 3 Filme, Erstausstrahlung: 2.4.1978 auf CBS, 30.6.1981 in der ARD

FÜR EINSTEIGER

Das Erbe der Guldenburgs

Die Serie in einem Satz: In *Das Erbe der Guldenburgs* ist Familie wichtiger als das Geschäft. Im Prinzip.

Worum es eigentlich geht: Darum, dass das Geschäft vielen wichtiger ist.

Der typische Dialog (der das Geschehen noch mal erklärt): »Willst du, dass deine Stiefmutter dir alles wegnimmt?« – »Nein, aber es gefällt mir auch nicht, dass du Guldenburg an die Balbecks verkaufst.« – »Verkaufen?! Ich stoße nur unrentable Firmen ab und erspare deinem Bruder Thomas einen längeren Aufenthalt im Knast.« – »Wie edel!«

Die Hauptfiguren:

Christine Gräfin von Guldenburg und ihre erwachsenen Kinder **Alexander und Susanne,** die nach Vater Martins Tod vor einem neuen Leben stehen: Der Ruin droht. Und der Vater hatte eine Affäre.

Herta Gräfin von Guldenburg, Martins Mutter, Matriarchin und Bewahrerin der Tradition.

Thomas von Guldenburg und Evelyn Lauritzen, Martins Kinder aus erster Ehe; sie heiratet den glatzköpfigen Hauptantipathieträger **Achim Lauritzen**, er **Kitty (eigentlich Kirsten) Balbeck** aus dem verfeindeten Clan.

Jan, Kittys Bruder, und beider Mutter **Margot Balbeck**, die mit den Guldenburgs konkurrieren.

Vorbild: *Der Denver Clan, Dallas.*

Wirkung: Guldenburg-Bier hat 4,9% Alkohol – in großen Dosen also durchaus wirkungsvoll.

Wer *Das Erbe der Guldenburgs* mochte, mochte auch: *Romeo und Julia, Dallas, Rivalen der Rennbahn.*

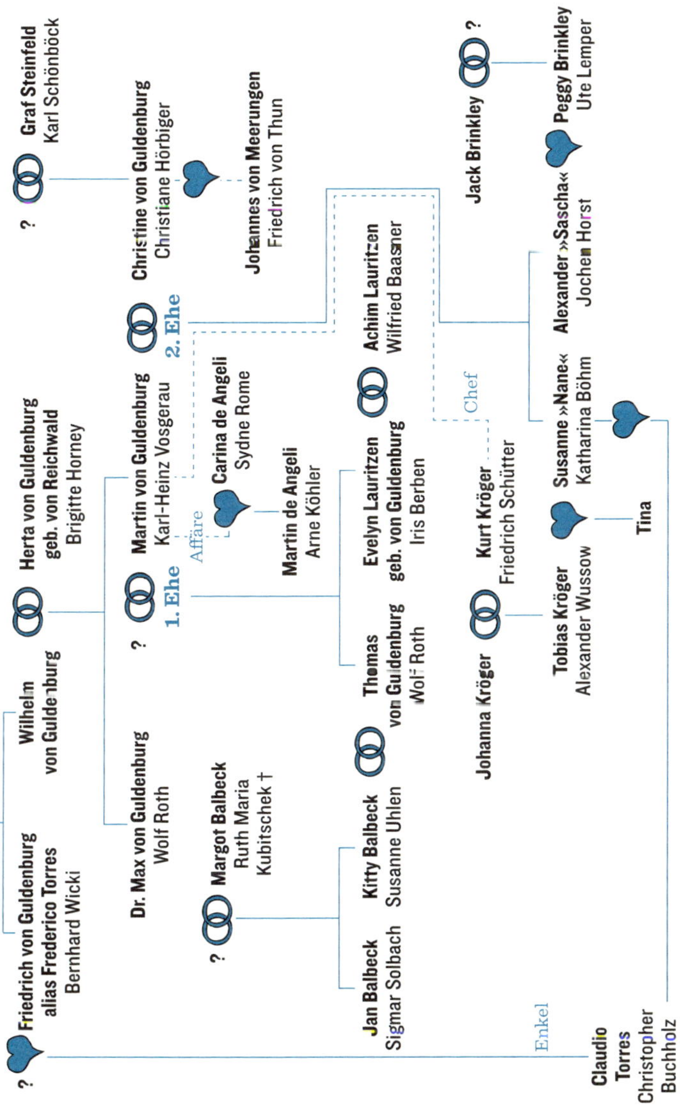

Das Erbe der Guldenburgs, D 1986-1988, 39 Folgen in 3 Staffeln, Erstausstrahlung: 29.1.1987 im ZDF

FÜR EINSTEIGER

Die Bill Cosby Show

Die Serie in einem Satz: Die Huxtables sind die amerikanische Sitcom-Familie schlechthin.
Worum es eigentlich geht: Erziehung darf ruhig autoritär sein, solange auch gelacht wird.
Der typische Dialog: »Ich liebe dich.« »Ja, Dad, ich weiß.« »Ja, und wer weiß, vielleicht liebt deine Mutter dich auch.«

Die Hauptfiguren:
Dr. med. Heathcliff Huxtable, gut verdienender Gynäkologe, gerecht, aber wenn nötig streng. Aber immer liebevoll.
Seine Frau **Claire,** erfolgreiche Rechtsanwältin, streng, aber nach Möglichkeit gerecht. Natürlich ebenfalls liebevoll.
Die erst nach dem Piloten in die Serie geschriebene älteste und leider immer arg bieder bleibende Tochter **Sondra.**
Denise, die zweitältesten Tochter, Rebellin und ausgeflippte Modeikone der Familie.
Theo, der einzige Sohn, der nicht nur mit vier Schwestern, sondern auch mit Legasthenie zu kämpfen hat, manchmal Unsinn macht, es aber immer gut meint.
Die stets etwas zu beflissene und neugierige **Vanessa.**
Und die kleine **Rudith alias Rudy,** in erster Linie der Inbegriff von Niedlichkeit – jedenfalls bis sie diese Rolle wegen fortgeschrittenen Alters an Adoptivenkelin Olivia abgeben muss.

Vorbild: Die Fünfziger-/Sechzigerjahre-Sitcom *Erwachsen müsste man sein (Leave It To Beaver).*
Wirkung: Ohne Huxtables, da sind sich viele Amerikaner sicher, auch keine Obamas.
Wer *Die Bill Cosby Show* mochte, mochte auch: Die Trapp-Familie, *Barbapapa, Die Waltons.*

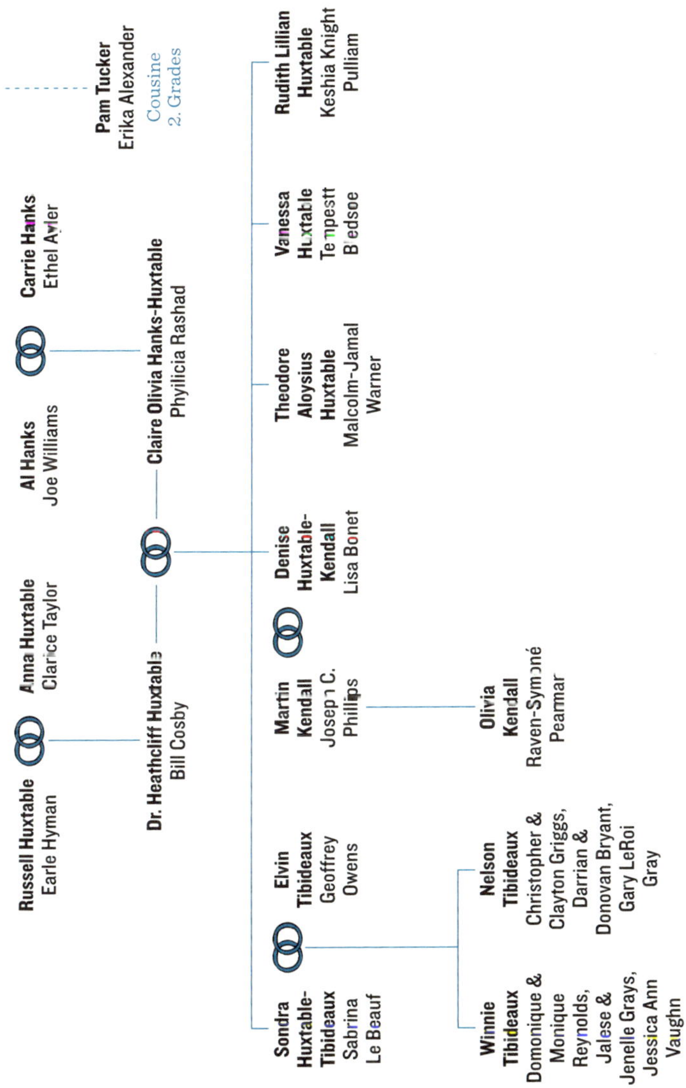

Die Bill Cosby Show (Original: *The Cosby Show*), USA 1984-1992, 201 Folgen in 8 Staffeln, Erstausstrahlung: 20.9.1884 auf NBC, 5.2.1987 im ZDF

FÜR EINSTEIGER

Familienbande

Die Serie in einem Satz: Die Keatons sind links, ihre Kinder eher rechts, lieb haben sie sich trotzdem.
Worum es eigentlich geht: Um die unwiderrufliche Ablösung einer Generation und ihrer Sicht auf die Welt.
Der typische Monolog: Yuppie-Sohn Alex unterrichtet eine Vorschülergruppe: »Das Einzige, was das schreckliche Steuermonster aufhalten kann, ist ein Republikaner. Wer will ein Republikaner sein?«

Die Hauptfiguren:
Steven Keaton, einst friedensbewegter Exhippie und Vietnamkriegsgegner, heute Produzent bei einem lokalen, öffentlichen Fernsehkanal in Ohio.
Seine Frau **Elyse,** erfolgreiche Architektin, im Herzen aber ebenfalls noch immer Achtundsechzigerin.
Die fleischgewordene Antithese zu den beiden: Sohn **Alex,** Wirtschaftsstudent, die stets adrette Inkarnation der Reagan-Jahre.
Auch dabei: Tochter **Mallory,** das etwas oberflächliche Modepüppchen mit dem goldenen Herzen.
Und mittendrin um ein kleines bisschen Aufmerksamkeit kämpfend: Tochter **Jennifer,** die burschikose Jüngste.

Vorbild: Das Privatleben von Autor Gary David Goldberg.
Wirkung: Keine andere Sitcom hat je politisch so viel verändert: Der US-Kongress ist heute voll mit Republikanern, die als Teenager Alex-Keaton-Fans waren.
Wer *Familienbande* mochte, mochte auch: *Das Geheimnis meines Erfolgs, Wall Street,* Die Woodstock-Doku.

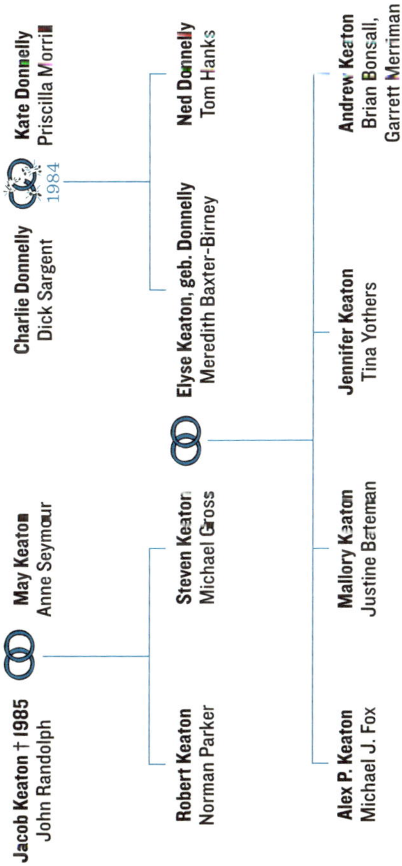

Familienbande (Original: *Family Ties)*, USA 1982-1989, 180 Folgen in 7 Staffeln, Erstausstrahlung: 22.9.1982 auf NBC, 26.5.1984 im ZDF

FÜR EINSTEIGER

Ich heirate eine Familie

Die Serie in einem Satz: Werner Schumann heiratet eine Familie.
Worum es eigentlich geht: Die behutsame Resozialisierung all jener Libertins, die es irgendwie geschafft haben, die Ausschweifungen der wilden Siebziger zu überleben, in das Deutschland von Helmut Kohl.
Der typische Dialog am Krankenbett: »Du Werner ... das tut mir alles so leid. Ich möchte dich um Verzeihung bitten.« »Wofür denn?« »Für alles! Ich hab mich in letzter Zeit so dumm benommen, wirklich so dumm.« »Es war meine Schuld.« »Nein, es war meine Schuld.« »Nein, nein, meine. Widersprich mir nicht, darf mich nicht aufregen.«

Die Hauptfiguren:
Der eingefleischte Junggeselle und West-Berliner Vorort-Playboy **Werner Schumann** gerät an die Liebe seines Lebens, die alleinerziehende Powerfrau **Angi Graf,** die schon drei Sprösslinge mit in den gemeinsamen Haushalt bringt: die heftig pubertierende und dementsprechend anstrengende **Tanja** und die zwar jüngeren, aber auch nicht immer unanstrengenden Wuschelköpfe **Markus** und **Tom.**
Später gibt's dann auch gemeinsamen Nachwuchs: **Franziska.** Auch so ein Baby ist manchmal ganz schön anstrengend.

Vorbild: Das Privatleben von Drehbuchautor Curth Flatow.
Wirkung: Das Wort Patchwork-Familie kannte man in den Achtzigern noch gar nicht, heute ist sie in der Fernsehunterhaltung die Standardkonstellation.
Wer *Ich heirate eine Familie* mochte, mochte auch: Die ZDF-Weihnachtsserien.

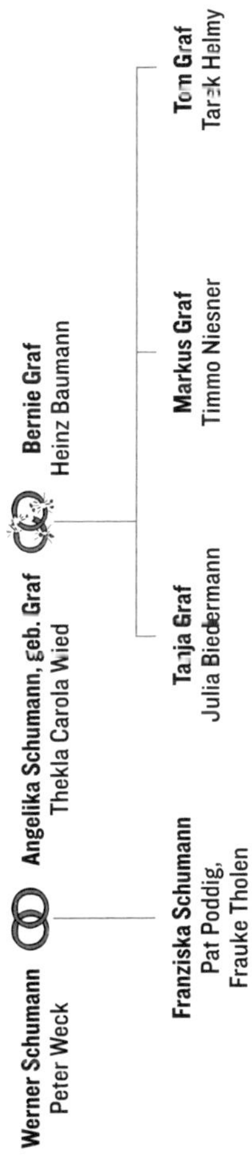

Ich heirate eine Familie, D 1983-1986, 14 Folgen, Erstausstrahlung: 3.11.1983 im ZDF

FÜR EINSTEIGER

Die Wicherts von nebenan

Die Serie in einem Satz: Ziemlich normale Menschen leben ihr ziemlich normales Leben.
Worum es eigentlich geht: Um das ewige Ringen der bundesdeutschen Mittelschicht mit den eigenen Ambitionen.
Der typische Dialog: »Ist deine Ehe glücklich?« »Sehr.« »Unsere war auch glücklich.« »Ich weiß, Vater.« »Noch glücklicher als deine.« »Sicher, Vater.«

Die Hauptfiguren:
Der handfeste **Eberhard Wichert,** Tischler und Betriebsleiter bei der Möbel Union, der eher widerwillig Karriere macht, weil er nun mal der einzig vernünftige Mensch in der Firma ist.
Gattin **Hannelore Wichert,** von Eberhard stets nur »Schnuppe« genannt, die das Familieneinkommen als Getränkehändlerin, später als Wirtin, noch später als Hotelinspekteurin und schlussendlich als Partyservice-Betreiberin aufstockt.
Der strebsame ältere Sohn **Rüdiger,** der in eine Adelsfamilie einheiratet, aber später bei einem dramatischen Betriebsunfall in der Brauerei dahingerafft wird.
Der jüngere Sohn **Andi,** der, o Schreck, Gourmetkoch werden will, aber am Ende doch noch Arzt wird.
Die gesellschaftlich stets nach Höherem strebende **Oma Käthe** (»Was würde der Herr Bundeskanzler sagen?!«).

Vorbild: Ihre, unsere, jedermanns Nachbarn von nebenan.
Wirkung: Noch heute verirren sich schüchterne Fans des ganz normalen Lebens zu einer unscheinbaren Doppelhaushälfte am Ende einer Sackgasse gleich neben der Avus.
Wer *Die Wicherts* mochte, mochte auch: *Drei Damen vom Grill, Praxis Bülowbogen,* die *Berliner Abendschau* des SFB.

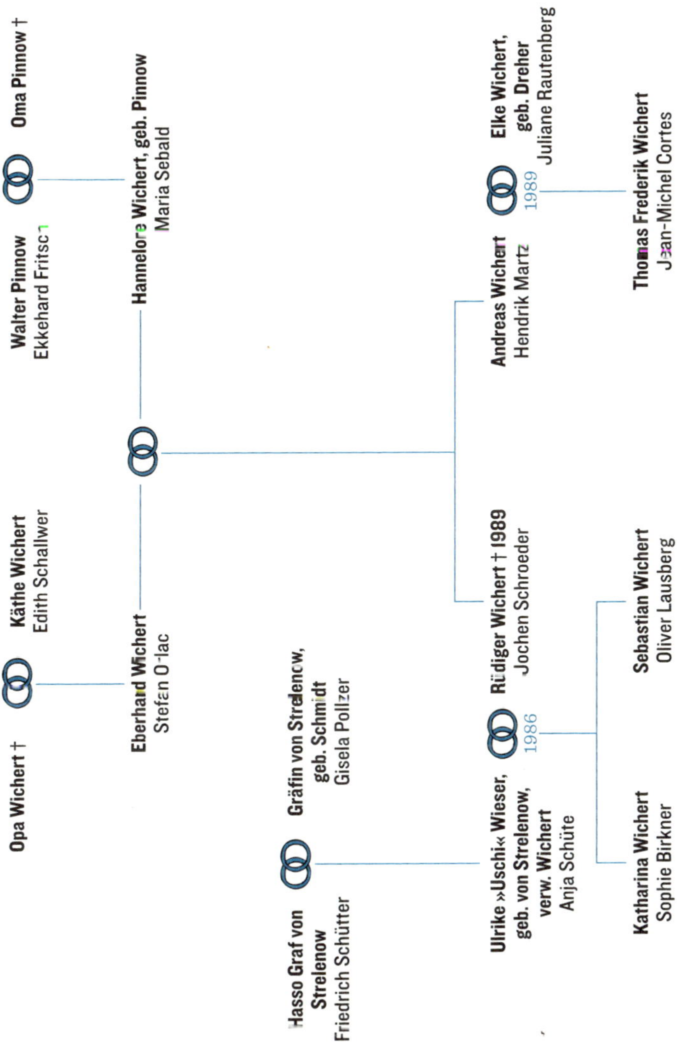

Die Wicherts von nebenan, D 1986-1991, 50 Folgen in 4 Staffeln, Erstausstrahlung: 21.10.1986 im ZDF

FÜR EINSTEIGER

Lindenstraße

Die Serie in einem Satz: Hier kristallieren sich Woche für Woche sämtliche sozialen, politischen und zwischenmenschlichen Konflikte der Bundesrepublik.
Worum es eigentlich geht: Um die allsonntägliche Bestätigung, dass sich das Schicksalsrad weiter dreht und dreht ...
Der typische Monolog: »Mein Gott, Männer! Wer ist denn nun betrogen worden, er oder ich? ... Hoffentlich haben wir genug Eier im Haus.«

Die Hauptfiguren:
Helga »Taube« Beimer, aufopfernde Hausfrau und Mutter, beginnt nach bitterer Scheidung Karriere als Reisekauffrau.
(Ex-)Ehemann **Hans,** der ewige Sozialarbeiter, den es weg von der Gattin und hin zur jüngeren Nachbarin zieht.
Tochter **Marion Beimer,** in der undankbaren Rolle der blassen Erstgeborenen, die aus der Serie wegzieht, um Jahre später mit anderem Gesicht und Charakter zurückzukommen.
Sohn **Benny Beimer,** der politisch engagierte Mädchenschwarm, der viel zu früh den Reisebusunfalltod stirbt.
Klausi Beimer als Nesthäkchen der Nation, erst knuddliges Bübchen, dann unverstanden-rebellisches Problem-Kind.
Außerdem **Onkel Franz Wittich,** der als unverbesserlicher Alt-Nazi die Grenzen jeder Familienloyalität austestet.
Und natürlich viele, viele Nachbarn.
Vorbild: *Coronation Street.*
Wirkung: Seit 30 Jahren muss sich die ARD für den Sonntagabend nichts Neues mehr einfallen lassen.
Wer die *Lindenstraße* mochte, mochte auch: Die *Tagesschau,* das *Wort zum Sonntag,* die *Ziehung der Lottozahlen.*

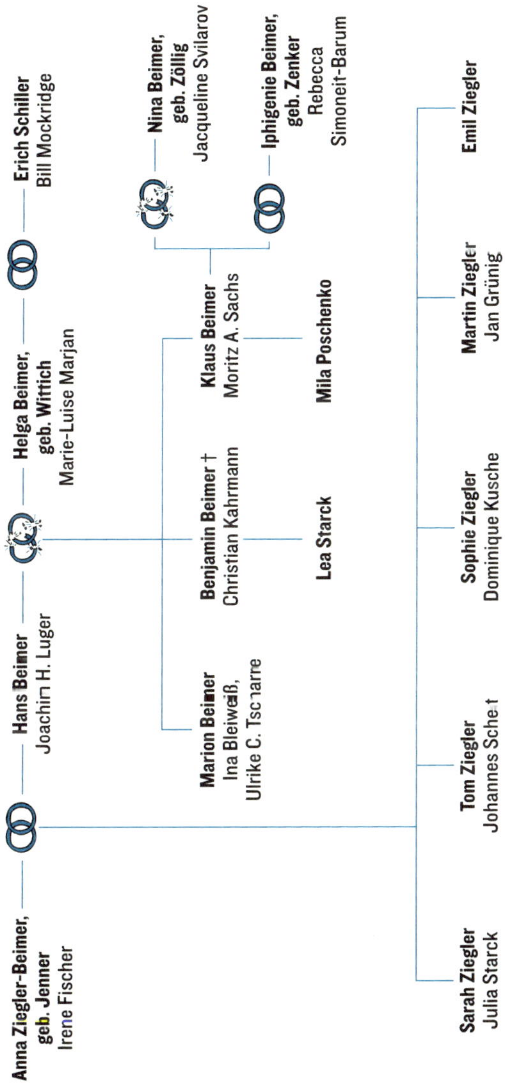

Lindenstraße, D 1985-?, mehr als 1500 Folgen, Erstausstrahlung: 8.12.1985 in der ARD

DALLAS

Die Nummernschilder der Ewings

Nicht nur in *Dallas* gibt es Autos, die den Besitzernamen im Kennzeichen tragen – man kennt das auch aus *Hart aber herzlich* und *Magnum.* Aber während die Autos von Magnums reichem Chef einfach nur eine Sammlung bilden und die Harts lediglich zu zweit sind, haben die EWING-Nummernschilder besondere Bedeutung: Wer eines hat, ist ein Ewing. Und wer kein Ewing mehr ist, gibt es zurück.

EWING 1: Jock Ewings Lincoln Continental

EWING 2: Sue Ellens alter Ford Kombi

EWING 3: J.R. Ewings Mercedes-Viertürer

EWING 4: Bobbys Mercedes-Zweitürer

EWING 5: Lucys Porsche

EWING 6: Pamelas Corvette, die sie mit der Scheidung von Bobby aufgab

BERUFSBERATUNG

5 x 3 beliebte Berufsfelder

FÜNF, DIE WAS MIT MODE MACHEN

1. Angi führt eine Boutique für Kindermoden *(Ich heirate eine Familie)*.
2. Alex eröffnet die Boutique »Chez Alex« *(Die glückliche Familie)*.
3. Jenna Wade führt »Jenna's Boutique« *(Dallas)*.
4. Evelyn Lauritzen macht Mode *(Das Erbe der Guldenburgs)*.
5. Kelly Bundy arbeitet als Model *(Eine schrecklich nette Familie)*.

FÜNF, DIE WAS MIT MEDIEN MACHEN

1. Klaus Beimer arbeitet für den »Münchner Kurier« *(Lindenstraße)*.
2. Maria Behringer arbeitet für ein Magazin und den Hörfunk *(Die glückliche Familie)*.
3. Dr. Martin Sanders ist Journalist *(Diese Drombuschs)*.
4. Carina de Angeli ist nicht weniger als Starjournalistin *(Das Erbe der Guldenburgs)*.
5. Jenna Wade ist Moderedakteurin beim High-Life-Magazin *(Dallas)*.

FÜNF, DIE WAS MIT ALKOHOL MACHEN

1. Die Guldenburgs machen was mit Bier.
2. Die Balbecks natürlich auch.
3. Rüdiger Wichert arbeitet bei einer Brauerei.
4. Marion Drombusch betreibt ein Lokal.
5. Sue Ellen ist die bekannteste Alkoholikerin unter all den Alkoholikern in *Dallas*.

SPD-WAHLKAMPF

ALF vs. Die Lindenstraße

Sowohl Lynn Tanner als auch Klaus Beimer interessieren sich zu Studienbeginn für die Fächer Kunstgeschichte und Sozialwissenschaften (Lynn) bzw. Soziologie (Klaus). Das qualifiziert beide zu potenziellen Wahlkampfhelfern der SPD. Aber wer hat die besseren Voraussetzungen, um für die Sozialdemokraten in die Politik zu gehen?

IM ARBEITERMILIEU RESPEKTIERTES LASTER
(ETWA BIER, ZIGARETTEN,
AUS NORDRHEIN-WESTFALEN STAMMEN)

Lynn kennt keine Laster.
Klaus liegt auch mal vollgekotzt im Hausflur. Sein Vater ist in Berlin geboren, seine Mutter in Bochum.

SOZIALES UMFELD

Lynn: Vater Willie ist im Sozialamt tätig und bringt auch mal Arbeit mit nach Hause, etwa einen jungen Ausreißer. In der Familie entscheidet das Wir. Das färbt ab.
Klaus ist eine Figur in einer sozial(pädagogisch)en Serie: Die *Lindenstraße* erzieht. Das färbt noch viel mehr ab.

HERKUNFT

Lynn: der Vater siehe oben, die Mutter Hausfrau und später wieder Immobilienmaklerin. Maklerin? Das ist eher schwierig.
Klaus: Auch sein Vater ist Sozialarbeiter, die Mutter ist gelernte Bankkauffrau und vor allem Hausfrau. Sozialdemokratisches Milieu. Das passt.

POLITISCHE BRÜCHE

Lynn: ---

Klaus: Er hat eine rechtsradikale Phase, aber da er anschließend auf den rechten (also nicht rechten) Weg zurückfindet, ist das für seine politische Karriere nicht entscheidend.

POLITISCHE VERORTUNG

Lynn: Sie ist eher Demokratin als Republikanerin, es gibt ja nun mal keine SPD in den USA.

Klaus: Er ist in seiner Jugend, von der Neonazi-Deppenphase abgesehen, links. Steht eventuell den Grünen nah. Später wird er Referent in der Konservativ-Christlichen Partei. Der Mann ist also in alle Richtungen koalitionsfähig.

FAZIT

Lynn kann Geld verdienen.

Klaus kann SPD-Kanzler.

AHNENFORSCHUNG

Familie Doria

Salto Mortale – Die Geschichte einer Artistenfamilie

1969-1972, Südwestfunk/ Schweizer Fernsehen, 18 Folgen; von Horst Pillau und Heinz Oskar Wuttig

Die Schweizer Artistenfamilie Doria springt ein, als im Zirkus Krone vor einer Tournee die Trapezkünstler ausfallen. Dramaturgisch eine Topausgangslage: Eine Familie, die unter Vaters Regiment steht, kommt in ein neues Umfeld, was allerlei Raum für romantische, gefährliche und intrigante Nummern lässt. Die erzählerischen Möglichkeiten und die Kulissenvielfalt nehmen aufgrund der Existenz von Raubtieren, wagemutigen Typen und der Mobilität der Zirkusunternehmung zu. Die Titelmusik hat heute jeder Zirkus im Repertoire.

GENEALOGIE

Al Bundy als Kulturexport

DIE GRAFIK

Intrigante Figuren

An wen Menschen heute denken, wenn sie an intrigante Figuren denken:

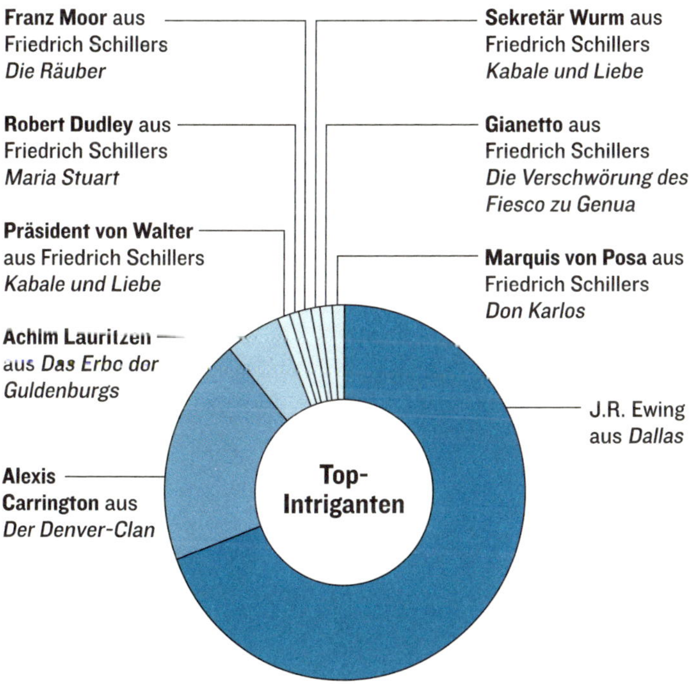

MENGENLEHRE

Das Erbe der Guldenburgs

MENGENLEHRE

Die glückliche Familie

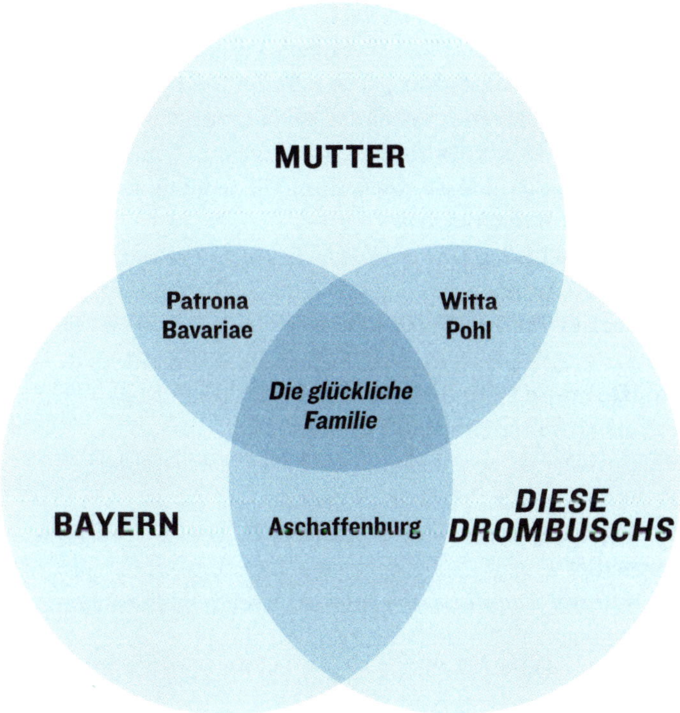

EINIGE MENSCHEN MIT FACHWISSEN

Dr. Who?

Dr. Lawrence »Larry« Dykstra *(ALF)*, Psychologe
Dr. Simon Ellby *(Dallas)*, Sue Ellens Psychiater
Dr. Max von Guldenburg *(Das Erbe der Guldenburgs)*, Naturwissenschaftler, genannt Chaosforscher
Dr. Heathcliff Huxtable *(Bill Cosby Show)*, Gynäkologe
Dr. Dr. Kovacs *(Die glückliche Familie)*, Schönheitschirurg, halb Ungar, halb Franzose
Dr. Michael Lang *(Die glückliche Familie)*, Freund von Katja Behringer, Archäologe
Dr. Müller-Hellwege *(Das Erbe der Guldenburgs)*, korrupter Leiter der Anstalt, in die Margot Balbeck verbracht wird
Dr. Hermann Petzold *(Das Erbe der Guldenburgs)*, Finanzverwalter der Guldenburgs
Philip, Nachname unbekannt *(Die glückliche Familie)*, Freund von Katja Behringer, Tierarzt
Dr. Martin Sanders *(Diese Drombuschs)*, Veras Freund, Journalist
Dr. Sellner *(Die glückliche Familie)*, hochqualifizierte Technikerin in Florian Behringers Firma
Dr. Willoughby *(ALF)*, Klinikarzt, der die kleine Tiffany behandelt, mit der sich ALF anfreundet
Dr. Peter Wollinski *(Diese Drombuschs)*, Freund von Marion, Chirurg
Dr. Schulte *(Familienbande)*, Rektor von Alex und Mallory Keatons High School.
Dr. Lotus *(Bill Cosby Show)*, Voodo-Hexer
Dr. Sylvia Wagner *(Familienbande)*, Psychiaterin und Blind Date von Alex' Freund Skippy.
Dr. James Harmon *(Bill Cosby Show)*, Freund und Kollege von Cliff Huxtable

Dr. Dr. Gürtler *(Die Wicherts von nebenan),* Galerist, dünkelhafter Galan von Oma Käthe
Dr. König *(Ich heirate eine Familie),* Angi Schumanns Gynäkologe
Dr. Harrison *(Familienbande),* Steven Keatons Herzchirurg
Dr. Ludwig Dressler *(Lindenstraße),* Hausarzt und Nachbar der Beimers
Dr. Eva-Maria Sperling *(Lindenstraße),* Hausärztin und Nachbarin der Beimers
Dr. Ahmet Dagdelen *(Lindenstraße),* Hausarzt und Nachbar der Beimers
Dr. Carsten Flöter *(Lindenstraße),* Hausarzt und Nachbar der Beimers
Dr. Ernesto Stadler *(Lindenstraße),* Hausarzt und Nachbar der Beimers
Dr. Iris Brooks *(Lindenstraße),* Hausärztin und Nachbarin der Beimers
Andreas Wichert, M.D. *(Die Wicherts von nebenan),* Andi hat zwar am Ende der Serie seinen Doktor gemacht – der wird aber nur in den USA anerkannt. In Deutschland muss er noch mal ran.

ABERGLAUBE

Der Fluch der Bundys

Auf Al Bundy lasten gleich zwei Flüche.

Erster Fluch: der Fluch der Hexe Poxilda von Lower-Uncton. Der Hufschmied Seamus McBundy hat sie 1632 als schweres Schwein, Schmeißfliege und Kakerlake beleidigt, woraufhin sie ihn verfluchte: Er und seine Nachkommen, zu denen Al gehört, haben von nun an Schweißfüße, adipöse Kundinnen und sind bei Lower-Unctons Einwohnern verhasst, weil dort keine Sonne mehr scheint, solange ein männlicher Bundy lebt.

Zweiter Fluch: Sobald ein Bundy Glück hat, hat er Pech. Dieses Pech ist umso größer, wenn er zugibt, Glück zu haben. Al ist entsprechend skeptisch, als sein Horoskop (er ist Krebs) sagt, dass Glück ins Haus stehe.

Sein Glück: Alle Ampeln sind grün. Ein Polizist winkt Al heraus, sagt, sein Rücklicht funktioniere nicht, und gibt ihm seines. Es kommen nur attraktive Kundinnen ins Schuhgeschäft. Bud will Als Zahnbürste zum Toilettenschrubben benutzen, erwischt aber Peggys. Bud wird in eine Studentenverbindung aufgenommen und plant auszuziehen. Kelly will als Verminator-Model, also quasi als Werbefigur einer Kammerjägerfirma, viel Geld verdienen und ausziehen. Al gewinnt beim Pokern mit drei Ex-Knastis und Nachbar Jefferson viel Geld, einen Großbildfernseher, einen Mercedes, einen BMW und einen Porsche. Er ruft: »So kann ich also verkünden, dass Al Bundy ein Sieger ist.«

Sein Pech: In diesem Moment stürmt die Polizei Als Haus und veranstaltet eine Razzia. Die Autos, die er gewonnen hat, sind geklaut. Seinen Geldgewinn stecken die Polizisten ein. Kelly kracht beim Versuch, ein Motorradkunststück vorzuführen, in Buds Studentenverbindungshaus, das abbrennt – natürlich ist Kelly nicht versichert.

KARDIOLOGIE

Der Fluch der Drombuschs

Nichts fürs Herz, diese Serie: Bei den Drombuschs ist das Kammerflimmern ein Dauerzustand, Siegfrieds Infarkt die Verdichtung des Gesamtgeschehens. Wenn die Drombuschs eine reale Familie wären, könnte es einem so vorkommen, als passiere ihnen ein wenig zu viel Schlimmes. Aber sie haben am Ende dann doch Glück: Sie sind ja nur erfunden.

DIE GESCHEHNISSE IM CHRONOLOGISCHEN VERLAUF:

- Oma Drombusch bleibt doch nicht nur kurz zu Besuch, sondern drei Wochen.
- Thomi hat schlechte Noten.
- Oma schafft es trickreich, ganz einzuziehen – mitsamt ihrem großen Bett.
- Marions Freund, ein Fotograf, veröffentlicht ohne ihr Wissen Nacktfotos von ihr in einer Illustrierten.
- Marion verliert ihren Job.
- Vera findet heraus, dass Sigis Geschäftspartner eine Geschäftspartnerin ist.
- Die Alte Mühle, das Traumhaus der Drombuschs, ist denkmalgeschützt. Die Renovierung wird teuer.
- Onkel Ludwig hat die eine oder andere Lüge aufgetischt.
- Sigi hat eine erste schwere Herzattacke.
- Er stirbt nach einem Herzinfarkt beim Glühbirnenwechseln.
- Chris fordert sein Erbteil ein.
- Marions Freund Peter fährt Chris' Frau Tina an, die dadurch ihr Baby verliert.
- Marion und Chris zerstreiten sich.
- Ludwig wird verhaftet.
- Vera hat Stress mit Dr. Sanders, mit dem sie eine Affäre hat.
- Marion nimmt Schlaftabletten.

- Onkel Ludwig fälscht Kassenbücher.
- Marions Exfreund erstreitet vor Gericht 150.000 Mark von ihr.
- Dr. Sanders zieht zu Vera, mitsamt seinen Schulden.
- Chris warnt Marion vor einer Razzia in ihrem Nachtclub, womit er seine Polizeikollegen verärgert und sich anschließend zur Schutzpolizei zurückversetzen lässt.
- Tina wird einfach nicht schwanger.
- Die Eltern von Richie, einem kleinen schwarzen Jungen, der fortan bei Tina wohnt, sterben bei einem Flugzeugabsturz.
- Chris wird bei einem Einsatz schwer am Kopf verletzt.
- Das Jugendamt will Tina Richie abnehmen.
- Tinas Vater entpuppt sich als Rassist.
- Chris stirbt.
- Ludwig nimmt einen Mann bei sich auf, Woody, den Vera für einen der Männer hält, die Chris angegriffen haben.
- Vera zieht aus der Alten Mühle aus.
- Woody wird krankenhausreif geprügelt, nachdem er die Identität von Chris' Mörder enthüllt hat.

DAS EKG DER DROMBUSCHS:

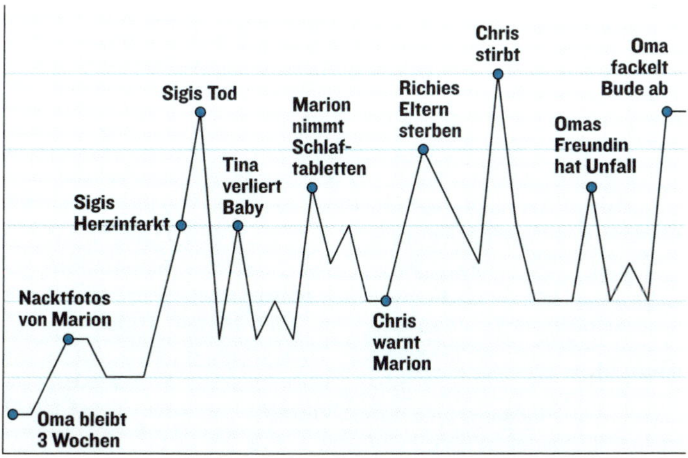

- Tinas Vater kommt ins Gefängnis.
- Vera leidet an Depressionen und kommt ins Krankenhaus.
- Omas Freundin hat einen Unfall und sitzt von nun an im Rollstuhl.
- Der Unfallverursacher war Holger, Tinas Freund.
- Ludwig wandert nach Mauritius aus.
- Tina trennt sich von Holger.
- Oma fackelt die Alte Mühle ab.

AHNENFORSCHUNG

Familie Schölermann

Unsere Nachbarn heute Abend
1954-1960, Nordwestdeutscher Rundfunk, 111 Folgen; von Alexandra und Rolf Becker

Vater Matthias ist in dieser realistischen und anfangs live gespielten Wohnzimmer-Seifenoper ein Patriarch, der das Angestelltendasein, die Arbeitslosigkeit und die Selbständigkeit kennenlernt. Er legt Wert auf Familienrituale: Er ernährt, bestimmt, hat nichts gegen Erziehung mit der flachen Hand, raucht, trinkt mal einen Portwein und löst Konflikte auch wieder. Mutter Trude ist eine moderne Frau - »modern« im Sinn von Hausfrau der Fünfzigerjahre. Die Kinder: der mürrische Heinz, der sich nicht mehr bevormunden lassen will, die lebhafte Eva und der freche Joachim. Weil die Figuren dieser ersten deutschen Familienserie nur unter den Rollennamen bekannt waren – es gab zunächst keinen Abspann –, dachten viele Zuschauer (und sollten denken), was sie sähen, sei nicht bloß realistisch, sondern echt. Das hatte auch mit den Geschichten zu tun: Sie handeln von einer Durchschnittsfamilie mit Durchschnittswerten und -konflikten.

In einer frühen Rolle:
Charles Brauer (später der Brockmöller im Hamburger *Tatort*).

ZUM SELBERSTRICKEN

Bill Cosbys schönste Pullover

Cliff Huxtable ist bis zum heutigen Tag eine Hipster-Stilikone. Wir bieten Ihnen, was Aenne Burda nie liefern konnte: seine besten Pullover-Motive als Strickmuster zum Selbermachen.

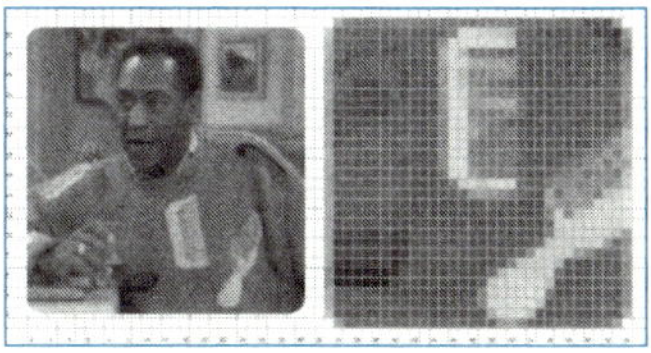

Coiffeur

Gauguin

Gewinn- und Verlustrechnung

Mutter Gottes von Guadalupe

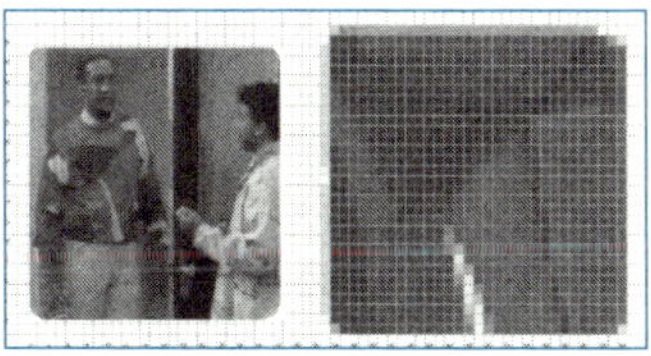

Trigonometrie

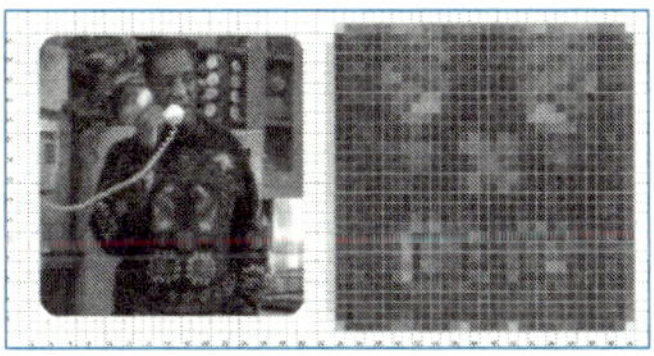

Ufo-Landeplatz

WAHLVERWANDTSCHAFTEN

Die Cosbys und nicht die Cosbys

***Eine schrecklich nette Familie* – im Original: *Married with Children* – hatte den Arbeitstitel *Not the Cosbys.* Aber was unterscheidet die Cosbys und die Bundys?**

Wenig: Alle Familienmitglieder haben den gleichen Nachnamen.
Alles: Alle Bundys sind und bleiben vom Unglück verfolgte Bundys, die Familienzugehörigkeit ist ein Fluch. Die Huxtable-Töchter folgen dem Vorbild ihrer emanzipierten Mutter und legen sich nach ihren Hochzeiten schicke Doppelnamen zu; sie führen ein eigenes Leben und übernehmen Verantwortung, können aber immer wieder in den Schoß des Elternhauses zurückkehren, um aufzutanken.

Wenig: Mutter ist emanzipiert.
Alles: Claire Hanks-Huxtable arbeitet selbstverständlich – sie ist eine der wenigen Serienmütter der Zeit, die nicht vornehmlich zu Hause herumhängen. Peggy Bundy weigert sich, Hausarbeiten zu verrichten, und sieht stattdessen fern.

Wenig: Vater isst gerne.
Alles: Al Bundy äße gern, wenn es etwas gäbe. Heathcliff Huxtable isst gerne, weil es immer genug gibt.

Wenig: Mutter bremst Vaters Essverhalten.
Alles: Peggy Bundy kocht nicht und kauft nicht ein. Claire Hanks-Huxtable empfiehlt ihrem Mann charmant eine Diät.

Wenig: Zu Vaters Welt führt eine Tür auf der (vom Zuschauer aus gesehen) rechten Seite des Wohnzimmers.
Alles: Im Bundy-Haus führt die Tür in Als Garage, wo sein Dodge und seine Toilette stehen. Im Huxtable-Haus in Cliffs Arztpraxis.

Wenig: Der Vater hält sich für ziemlich sportlich.
Alles: Al hat einmal – nach eigenem Bekunden die größte Leistung seines Lebens – vier Touchdowns in einem Spiel geschafft. Cliff wirft mit seinen Kindern immer wieder mal ein paar Bälle auf einen Basketballkorb.

Wenig: Der Vater hat einen ganz besonderen Musikgeschmack.
Alles: Al spielt Mundharmonika auf einem Sandwich. Cliff liebt Jazz.

Wenig: Der Sohn baggert Mädchen an und spricht sehr unbefangen darüber.
Alles: Bud Bundy ist ein Bundy, also schwer vermittelbar. Theo Huxtable hat Freundinnen.

Wenig: Die Familie nimmt ein kleines Kind auf.
Alles: Zu den Huxtables kommt die kleine Olivia, die Stieftochter von Tochter Denise. Hier ist sie gut aufgehoben. Zu den Bundys kommt der kleine Seven, das siebte Kind von Verwandten. Seven geht dann irgendwie verloren.

Wenig: Der Vater hat eine besondere Beziehung zu seinen Schwiegereltern.
Alles: Cliff spielt gerne mit seinem Schwiegervater Schach. Al bezeichnet seine Schwiegermutter als »Monster an Verfressenheit«.

BLUT ODER WASSER?

Fünf schöne Zwiespälte

Wenn Singles Mist bauen, rasen sie alleine auf den Abgrund zu. Familienmitglieder reißen immer die ganze Familie mit. Alles, was einem Einzelnen passiert, kann Auswirkungen für alle anderen haben. Das ist der Grund, warum es so viele Familienserien gibt und so wenige Singleserien: Familie bedeutet Konflikt.

1. Es soll eine Razzia in Marion Drombuschs Nachtclub geben. Ihr Bruder Chris, der Polizist, verrät ihr das vorher und wird danach von seinen Polizeikollegen geschnitten.

2. Miss Ellie hat in *Dallas* so viel von ihrem verstorbenen Ehemann geerbt, dass ihr alles andere egal sein könnte. Sie ficht dennoch sein Testament an (indem sie ihn, was ihr schwerfällt, für unzurechnungsfähig erklären lassen will), um zu verhindern, dass ihre beiden Söhne einander im Kampf um die väterliche Firma die Köpfe einschlagen.

3. Angi Schumann *(Ich heirate eine Familie)* gibt ihre Karriere als Repräsentantin einer Kindermodefirma zugunsten ihrer Familie auf.

4. Christine von Guldenburg könnte das Familienunternehmen retten, wenn sie ihrer Tochter Susanne die Beziehung mit Claudio Torres ausreden würde: Weil Claudio für Susanne seine brasilianische Freundin verlassen hat (deren Vater wichtig für das Geschäft von Claudios Großvater Frederico Torres alias Friedrich von Guldenburg ist), fordert der nach Brasilien ausgewanderte Frederico ihre Trennung (und bietet an, dafür auf seine eigenen finanziellen Ansprüche gegenüber den Guldenburgs zu verzichten). Christine entscheidet sich für Susannes Liebe und gegen die Rettung des Unternehmens.

5. Susanne aber entscheidet sich für Guldenburg und gegen Claudio. Damit beginnt das wahrscheinlich am dicksten aufgetragene Happy End der deutschen Fernsehseriengeschichte.

AHNENFORSCHUNG

Familie Hesselbach

Die Firma Hesselbach (Staffel 1), Die Familie Hesselbach (Staffel 2), Herr Hesselbach und … (Staffel 3)
1960-1967, Hessischer Rundfunk, 51 Fernsehfolgen, beruhend auf einer von 1949 an ausgestrahlten 77-teiligen Radioreihe und vier von 1954 an gedrehten Spielfilmen; von Wolf Schmidt

Vater Karl (»Diese Weiber könne und könne ja net Ruh' gebbe«) ist das impulsive, aber weise Familienoberhaupt und Chef der Firma Hesselbach, einer kleinen Druckerei, die nichts Geringeres als *Die Weltschau am Sonntag* druckt. Mutter Marie ist ungebildet, kann aber kochen und sagt: »Ach, Karl, mei Drobbe.« (Beide Zitate gibt es als Klingelton auf der Website des Hessischen Rundfunks.) Tochter Anneliese wohnt weit weg, Sohn Willi arbeitet in der Firma und zieht später nach Amerika. Die jüngeren Kinder heißen Heidi und Peter.
In frühen Rollen: Witta Pohl *(Diese Drombuschs),* Fritz Strassner *(Die glückliche Familie)*

Großmeister B

Jahr für Jahr verleiht Bud sich eine neue Identität, die ihn ein wenig attraktiver bei Frauen machen soll. (Soll.) Er ist etwa Buderace, Tito Bundy, Indiana Bundy und Joey Bud-Afuoco. Im Jahr seines Junior-College-Eintritts in Staffel 6 wird er Grandmaster B, in der deutschen Version Großmeister B. Peggy fühlt sich von der ausgedachten Straßengangster-Bio des Grandmasters stark an den *Prince von Bel Air* erinnert – die Serie mit dem jungen Will Smith.

Vor allem der Großmeister B hat es allen angetan. Nachdem er seinen Eltern und seiner Schwester erklärt hat, dass er nicht Bud heiße, wenn er die Sonnenbrille und die Schildmütze trage, sondern Großmeister B, nehmen sie seinen Wunsch ernst und nennen ihn wie folgt – wobei es im Deutschen nicht immer bedeutungsgleiche Varianten gibt:

Original	Deutsche Variante
Bed Wetter B	Bademeister B
Bellringer B	Bettnässer B
Buckminster B	Bürgermeister B
Bushwhacker B	Daumenlutscher B
Burgermeister B	Geisterjäger B
Buttwagger B	Glockenläuter B
Court Jester B	Grashüpfer B
Crossdresser B	Großblitzer B
Dustbuster	Großbastard B
Gas Passer	Großmarschall B
Ghostbuster B	Großmeister Jungfrau
Grand Bastard	Großpisser B
Grandfather B	Großvater B
Grand Flasher	Hofnarr B
Grandma B	Hüftwackler B
Grand Marshall B	Krummer B
Grandmaster Virgin	Mischmeister B
Grandpappy B	Pisshoser B
Grasshopper B	Poposchwänzler B
Grinchmaster B	Spüler B
Mixmaster B	Staubmonster B
Thighmaster	Totengräber B
Thumb Sucker B	Treppenwitz B

FEUERZAUBER

Es brennt!

Das gezielte Entfachen von Feuer ist das, was den Menschen vom Affen unterscheidet (weiß schon Affenkönig Louis im *Dschungelbuch*). Nicht allgemeingültig ist allerdings die bei *ALF* aufgestellte Familienserienregel, dass mit der Anzahl der Brände die zerstörerische Wirkung des Feuers sinkt.

ALF

ALF legt während seiner etwa fünf Jahre bei den Tanners insgesamt 246 Feuer. Zumeist bei Grill- und Küchenunfällen. Bester Kommentar: »Mich allein zu lassen, ist doch null Problemo. Seit einer Woche hab ich keinen Brand mehr gelegt.« Oder halt, nein, der ist noch besser: »Willie, ich hab schon mal den Grill angezündet, am besten brennen die Räder!« Ernsthafte Schäden: keine. Funktion des Feuers: Running Gag.

DAS ERBE DER GULDENBURGS

Bei den Guldenburgs brennt es dreimal:

Martin von Guldenburg stirbt, als sein Wagen nach einem Autounfall explodiert. Der Chauffeur gerät ins Schleudern, das Auto rast von der Straße, überschlägt sich und brennt interessanterweise schon, bevor es aufkommt. Womöglich ein subtiler Hinweis darauf, dass Martin zuvor mit dem Feuer gespielt hat – er kommt gerade von seiner Geliebten. Funktion des Feuers: keine. Dass der Wagen brennt, gehörte in den Achtzigerjahren standardmäßig zu jedem Fernseh-Autounfall. Man kann von der Inflation einer existenziellen Situation sprechen.

Die Guldenburg-Brauerei brennt ab. Das Familienunternehmen ist danach auf die Unterstützung der konkurrierenden Balbecks angewiesen. Und das ist ja doch ungefähr das Schlimmste, was passieren kann. Funktion des Feuers: Zuspitzung.

Zum Schluss landet das Romanmanuskript *Das Erbe der Guldenburgs* im Feuer – damit endet die Geschichte. Funktion des Feuers: Reinigung.

DALLAS

Hier brennt am Ende der 6. Staffel die Southfork-Ranch ab. Es ist die Staffel, in der auch Vater Jocks Testament eröffnet wird, demnach sich J.R. und Bobby um seine Firma prügeln sollen. J.R. wirft eine Öllampe nach seinem Halbbruder Ray, und das Unheil nimmt seinen Lauf. Das Feuer schließt J.R., Ray, Sue Ellen und den kleinen John Ross ein. Als das Feuer am heißesten brennt, erfreuen uns die *Dallas*-Macher mit dem Abspann: Die Staffel ist zu Ende.

Funktion des Feuers: Es zeigt, wohin ein Streit zwischen Brüdern führen kann. Und es zeigt J.R. von seiner väterlichen Seite, er sucht im Feuer nach seinem Sohn. Der Brand ist allerdings nur ein kleiner Höhepunkt. Es gibt ja wirklich Schlimmeres.

DIESE DROMBUSCHS

Mit einem Feuer beginnt die Serie, mit einem Feuer endet sie.

Zu Beginn, es ist Silvester, versteckt Thomi seine Raketen im Kachelofen, damit sie Mutti nicht findet. Wer ahnt auch, dass so ein Kachelofen im Winter benutzt wird? Ausgang: glimpflich.

Am Ende zündet Oma Margarethe, die sich schon in der ersten Folge, Jahre zuvor, nach einem schönen Heiligabend sehnt, an Weihnachten alle Kerzen an, die sie finden kann. Der Baum brennt, das Haus brennt, die Geschichte ist zu Ende, eine neue kann beginnen. Funktion des Feuers: Katharsis. Ein reinigendes Donnerwetter.

LIEBE VS. TRADITION

Wenn zwei sich lieben

Es ist eine alte Regel, dass der Brautvater die Hochzeit bezahlt. Sie spielt in US-amerikanischen Erzählungen aber eine größere Rolle als in deutschen. Miss Ellies Vater ist in *Dallas* gezwungen, sich zu übernehmen. Chris Drombusch hingegen, ebenfalls konfrontiert mit der Tradition, hat da ganz andere Vorstellungen …

Miss Ellie kommt aus einer Farmerfamilie, hat aber Miss Hockadays Mädchenpensionat in Dallas besucht, stammt also nicht aus ärmlichen Verhältnissen. Doch ihr Vater, Aaron Southworth, ist eines Tages bankrott. Sie willigt genau an dem Tag in die Hochzeit mit Jock Ewing ein, an dem die Southfork-Ranch gepfändet wird. Jock ist reich genug, sie zu retten. Der Wohlstand ist also eindeutig verteilt. Dennoch lässt es Ellies Vater nicht zu, dass die Ewings die Hochzeit bezahlen. Um traditionsgemäß als Brautvater dafür aufzukommen, verkauft er alle wertvollen Gegenstände, die er noch besitzt. Ellies Brautkleid lässt er aus französischer Seide anfertigen.
Liebe: ja. Aber mit Hintergedanken.
5 Traditionspunkte, 2 Liebespunkte

Als Chris Drombusch und Bettina Reibold heiraten, fühlt sich Tinas Vater bemüßigt, seiner Tochter eine standesgemäße Hochzeit auszurichten (»standesgemäß« bedeutet immer möglichst groß). »Es gibt gesellschaftliche Spielregeln, die verletzt man nicht, ohne sich unmöglich zu machen«, behauptet er. Das Paar will aber lieber in kleinem Kreis feiern, den eigenen Verhältnissen entsprechend (»den eigenen Verhältnissen entsprechend« heißt immer klein – in diesem Fall Chris' Verdienst als Polizist gemäß).

Am Ende heiraten Chris und Tina in der Kleinen Kapelle im Jagdschloss Kranichstein. Ihr Hochzeitsauto ist ein weißes Cabrioletchen, Polizeimotorräder eskortieren das Paar. Nach der Trauung laufen Tina und Chris durch ein Spalier des Rallye-Clubs, in dem sie sich kennengelernt haben. Und Tinas Vater, der der Meinung ist, wer die Hochzeit bezahlt, dürfe eigentlich auch die Gäste bestimmen, ist beleidigt. Ach Gottchen.
Liebe: ja, aber auf Dauer nur so mittel.
3 Traditionspunkte, 3 Liebespunkte

Die Hochzeit zwischen Thomas von Guldenburg, der ohnehin auf alle Traditionen pfeift, und Kirsten »Kitty« Balbeck findet im Beisein von Thomas' Schwester Evelyn und einem Pastor (demselben, der später Herta von Guldenburg beerdigt) auf einem Fischkutter statt. Kitty erfährt erst kurz vor der Trauung, dass sie gleich heiraten soll. Niemand bezahlt hier irgendetwas. Die Hochzeit der Kinder aus verfeindeten Familien ist eine echte Liebesheirat, mit der sich die beiden gegen die ökonomische Aufladung aller Alltagsbeziehungen verwahren.
Liebe: ja – gegen jede Regel.
1 Traditionspunkt, 5 Liebespunkte

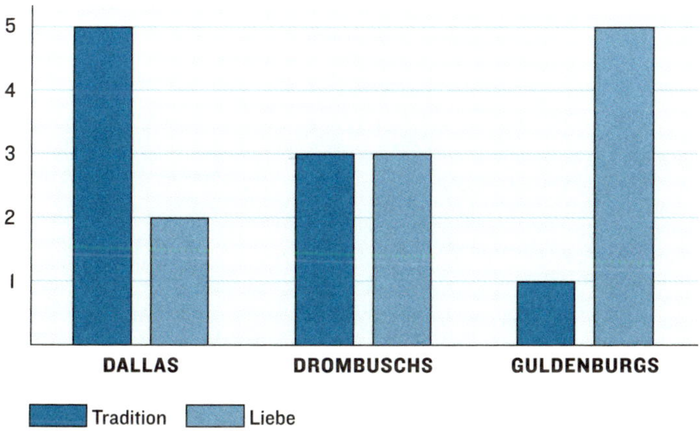

ABSCHIEDSBRIEFE

»Es ist nicht alles zu Ende«

Man muss ja auf alles vorbereitet sein, so als Mann mit Familie, der Verantwortung übernommen hat. Siegfried Drombusch ist ein alter Streber und hat in ordentlicher Diktion einen schönen Brief geschrieben. Werner Schumann dagegen hat geschludert – er lässt sich schnell noch einen Zettel geben.

Drombuschs Abschiedsbrief an Vera, geschrieben irgendwann vor seinem zweiten, diesmal tödlichen Herzinfarkt:

> *Mein lieber Schatz*
> *– wenn es einmal unerwartet mit mir zu Ende sein sollte und ich kann Dir nichts mehr sagen, dann muss es dieser Brief für mich tun.*
> *Zuerst: Ich danke Dir für die schönen Jahre, Du warst mein Leben. Das Deine geht weiter, auch ohne mich.*
> *Bitte suche keine Zuflucht bei den Kindern, sie können Dir keine geben, vielleicht später einmal, aber nicht jetzt in der Mitte des Lebens.*
> *Du brauchst einen Menschen, der mit Dir geht. Ich wünschte nichts mehr, als dass Du ihn finden könntest.*
> *Wenn mir noch die Zeit geblieben wäre, ich würde Dir das Versprechen abgenommen haben, nicht allein zu bleiben.*
>
> – 1 –

Was das Haus angeht, so hätte ich es gern schuldenfrei gemacht, damit Du einen Platz hast, von dem Dich niemand vertreiben kann. Der Gedanke, dass ich es vor der Zeit nicht geschafft haben könnte, quält mich.
Aber die Lebensversicherungen helfen Dir von den schlimmsten Belastungen herunter, und wenn Ihr alle zusammenhaltet, Du und die Kinder, dann gehört Euch vielleicht eines Tages das Haus, sein Grund und Boden ganz allein. Was ich dazu beitragen kann, das werde ich bei dem »alten Herrn« da droben schon besorgen.
Mein lieber Schatz, das war's, was ich Dir gern noch sagen wollte.
Es ist nicht alles zu Ende. Wir sehen uns wieder.

Dein Sigi

– 2 –

Werner Schumanns Abschiedsbrief an Angi, geschrieben kurz vor seiner Operation (die er übersteht):

Liebe Angi,

ich danke Dir für die schönste Zeit meines Lebens, sie war leider viel zu kurz. Vergiss bitte die letzten Tage, ich hab mich ganz dumm benommen. Pass gut auf Dich und die Kinder auf, besonders auf Franziska. Wollte so gern mit ihr Tanzen gehen. Schade! Ich war sehr glücklich mit Euch.

DIE EWINGS

Eine schrecklich intrigante Familie

Nach dem Erfolg des Zweiteilers *Eine große Familie* (1970) hatte man die ideale Blaupause für deutsche Serientitel. Warum *Dallas* im Deutschen nicht *Die Ewings – Eine schrecklich intrigante Familie* hieß, bleibt rätselhaft.

- *Eine verrückte Familie* (*La famille Cigale,* F 1977)
- *Die liebe Familie* (A 1980-1993)
- *Eine amerikanische Familie* (*Family,* USA 1976–1980)
- *Eine reizende Familie* (*Brady Brides,* USA 1981)
- *Eine fröhliche Familie* (*Ai no Wakakusa Monogatari,* J 1987)
- *Die glückliche Familie* (D 1987–1991)
- *Eine schrecklich nette Familie* (*Married With Children,* USA 1987–1997)
- *Eine starke Familie* (*Step by Step,* USA 1991–1998)
- *Eine himmlische Familie* (*Seventh Heaven,* USA 1996–2007)
- *Meine liebe Familie* (D 2008)
- *Meine wunderbare Familie* (D 2008–2010)
- *Eine explosive Familie* (*The Imploders,* USA 2009–2010)
- *Meine neue Familie* (D 2011)
- *Die Drews – Eine furchtbar nette Familie* (D 2003)
- *Krupp – Eine deutsche Familie* (D 2009)
- *Die Geissens – Eine schrecklich glamouröse Familie!* (D 2011)
- *Die Wollersheims – Eine schrecklich schräge Familie* (D 2011)
- *Die Wollnys – Eine schrecklich große Familie!* (D 2011)
- *Die Hohlbeins – Eine total fantastische Familie* (D 2013)

So gut wie unbenutzt dagegen:
- *Ich heirate eine Familie* (D 1983–1986)
- *Ich tausche meine Familie* (D 2004)

DIE 10 GEBOTE …

… der Tanners

1. **Wir essen niemals ein Mitglied der Familie!**

2. **Null problemo!**

3. **Ein WC-Reiniger ist erstaunlich vielseitig.**

4. **Halte dich fern von den unschätzbaren Familienerbstücken!**

5. **Man schätzt die Dinge mehr, wenn man sie sich verdient.** (Weshalb Lynn den 90.000-Dollar-Ferrari von ALF nicht behalten darf, den er ihr geschenkt hat.)

6. **Banken geben keine Kredite an Leute, die nur Vornamen haben.**

7. **Drück dich präzise aus!** (Denn, so ALF zu Kate: »Du hast nicht gesagt: ›Tu es nicht!‹, sondern ›Halte dich raus!‹«)

8. **Irgendetwas nicht tun zu können ist kein Grund, es nicht zu tun.**

9. **Lucky, du bist kein Krapfen!**

10. **Die Melmacs setzen sich keine Ziele!**

DIE 10 GEBOTE …

… der Drombuschs

1. **Unsere Mütter gehören in erster Linie zu uns.** (Vera zu Ludwig, nachdem ihre Schwiegermutter die Bude abgefackelt hat.) – Vergleiche auch: »Alte Menschen gehören zunächst einmal in die Familie.« (Siegfried hält eine politische Rede.)

2. **Du musst das Geld wert sein, das ein anderer zahlt.** (Siegfried nimmt Marion ins Gebet.)

3. **Sie wollen den Bär waschen, aber das Fell nicht nassmachen. Aber das geht nun mal nicht.** (Eine Nachbarin rät Margarethe Drombusch, sie möge doch akzeptieren, dass fremde Menschen ihre Wohnung betreten, wenn sie ein Zimmer vermieten will.)

4. **Nicht alles Leid der Welt ist für andere reserviert.** (Chris rät Tina zu Empathie.)

5. **Lieben heißt zurückstehen können. Alt und Jung, Mann und Frau, Politiker hüben wie drüben, wir alle müssen aufeinander zugehen.** (Oma hört an Heiligabend einem Fernsehprediger zu.)

6. **Es gibt gesellschaftliche Spielregeln, die verletzt man nicht, ohne sich unmöglich zu machen.** (Vater Reibold findet die Hochzeitsvorstellungen seiner Tochter Tina und seines Schwiegersohns Chris Drombusch nicht zweckmäßig.)

7. **Man kann nicht alles unter dem Aspekt der Zweckmäßigkeit sehen.** (Tinas Mutter zu Tinas Vater.)

8. **Immer nur nehmen, das funktioniert nicht, nirgends, auch nicht in der Familie.** (Siegfried verpasst Marion nochmal eine Strafpredigt.)

9. **Bürgerlichkeit ist der totale Frust.** (Marion predigt zurück. Weil Vati nicht zuhört, redet sie allerdings mit Mutti.)

10. **Verkaufen Sie immer nur die Wahrheit!** (Vera lehrt Dr. Sanders, den Pressesprecher des Regierungspräsidenten, Mores.)

AHNENFORSCHUNG

Familie Bergmann

Familie Bergmann
1969-1971, Sender Freies Berlin, 9 Folgen; von Traute Hellberg und Johannes Hendrich

Im Jargon der ARD-Anstalt habe die westdeutsche Serie »Ost-Forellenhof« geheißen, schrieb 1969 der gestrenge *Spiegel,* der sich darüber mokierte, dass hier mit »matten Drehbuch-Gags« Klischeevorstellungen abgebaut werden sollten, die in der BRD über das Leben in der DDR herrschen würden. Die »DDR, in der die Sonne nicht scheint und in der kaum gelacht wird, in der ein Arzt-Ehepaar mit Kind nur ein Zimmer bewohnen kann und für sechs Personen eine einzige Kochplatte glüht, ist ein höchst fragwürdiges Zerrbild«, kritisierte das Magazin. Aber völlig humorfrei war die Serie dann auch wieder nicht.

In Nebenrollen: ein zu früh gelieferter Wartburg und ein Mercedes, der nicht anspringt.

DIE 10 – ODER VIELMEHR 20 – GEBOTE …

… des Al Bundy

Al Bundy unterscheidet zwischen Vereinsleben und falschem Leben – weshalb es auch jeweils andere Regeln braucht:

DIE 10 »NO MA'AM«-GEBOTE DES AL BUNDY

NO MA'AM ist Al Bundys antifeministische Gruppierung. Sie kennt zwar nur neun Gebote, es hätten aber zehn sein sollen. Es hat sich nur leider jemand verzählt:

1. **Es ist okay, »Titten« statt »Möpse« zu sagen, und manchmal »Holz vor der Hütte«.**

2. **Es ist falsch, Franzose zu sein.**

3. **Es ist okay, alle bösen Menschen durch einen Riesenfleischwolf zu drehen.**

4. **Anwälte, siehe Regel 3.**

5. **Es ist okay, eine Benzinschleuder zu fahren, wenn man damit Puppen aufreißt.**

6. **Jeder soll seine Kollegen im Auto mitnehmen, nur ich nicht.**

7. **Mein Auto ist reserviert für Stewardessen.**

8. **Synchronschwimmen ist kein Sport.**

9. **Schlammcatchen ist ein Sport.**

10. **Okay, es sind nur neun Gebote.**

AHNENFORSCHUNG

Familie Wilde

MS Franziska
1977-1978, Südwestfunk/ Schweizerische Radio- und Fernsehgesellschaft, 8 Folgen; von Heinz Oskar Wuttig

Wenn der Großvater mit seinem Enkel spricht, klingt das so: »So, nu pass auf, Junge: Da vorn bei der Krümmung, da musst du den Kurs durch Peilung halten.« Keine kleinbürgerliche Wohnzimmerkulisse, keine Bildungsserie – hier wird auf dem Rhein Schiff gefahren und die Familie »Schlangenbrut« genannt. Es ist die Geschichte einer mehrere Generationen umfassenden Kapitänsfamilie. Selbst zum Geburtstag der Tante reisen alle auf dem Wasserweg an. Was passiert: Das Schiff, 1902 gebaut, ist schrottreif; die Zeit und das Gefühl dafür driften auseinander. Über allen Geschichten steht ein wirtschaftliches Familiendrama. Aber an der Biegung des Flusses wartet die Lösung.

In einer frühen Rolle: Jochen Schroeder *(Die Wicherts von nebenan)*

DIE 10 FAMILIENGEBOTE DES AL BUNDY

Diese Gebote stellt Al nicht am Stück auf, sondern immer wieder mal eines. Aber es sind dennoch zentrale Weisungen:

1. **Es ist absolut unmöglich, dass ein Bundy mit irgendetwas Erfolg hat!**

2. **Es gibt zwei Dinge, die ein Bundy nicht tut: Gemüse essen und anklopfen.**

3. **Eine Oper ist erst vorbei, wenn der letzte heterosexuelle Mann eingeschlafen ist.**

4. **Versprechen, die im Freudenrausch gemacht wurden, verlieren zu Hause ihre Gültigkeit.**

5. **Alles, was für eine Kakerlake gut genug ist, ist auch für meine Familie gut genug.**

6. **Das Gehirn braucht kein Blut. Es muss nur in Alkohol feucht gehalten werden.**

7. **Weihnachten ist nicht die Zeit zum Bereuen. Dafür sind Hochzeitstage da.**

8. **Als ob ein echter Mann eine Zahnbürste hat.**

9. **Wenn du Sex haben willst, müssen die Kinder ausgehen. Wenn du guten Sex haben willst, musst du ausgehen.**

10. **Friss meinen Staub!**

DAS PÄDAGOGISCHE INSTRUMENTARIUM …

… von Cliff und Clair

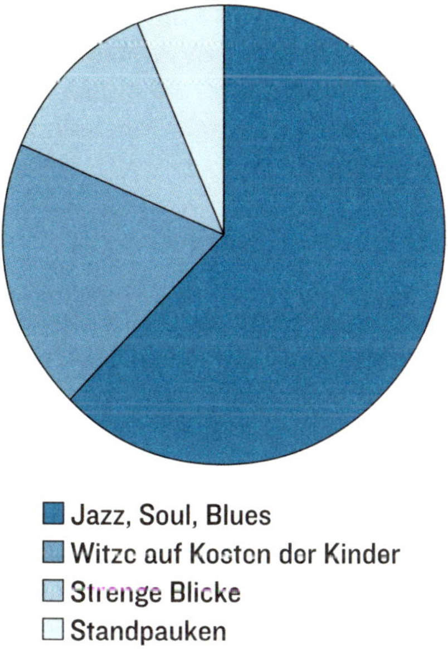

DIE 10 GEBOTE …

… und die Behringers

Hätte es die Zehn Gebote nicht schon gegeben, wären sie für deutsche Fernsehfamilien in den Achtzigern wahrscheinlich erfunden worden: Die Konflikte, die in den Serien ausgelebt werden, berühren jedenfalls Fragen, über die vor ihnen schon mal jemand nachgedacht hat.

DIE ZEHN GEBOTE UND ZEHN KONFLIKTE

1. **Du sollst keine anderen Götter neben mir haben!**
Konflikt: »Fernsehen am Vormittag? Bei dir piepts wohl!« (Mutter Maria zu Tami)

2. **Du sollst den Namen des Herrn nicht missbrauchen!**
Konflikt: »Allmächdicher!« (Erna)

3. **Du sollst den Feiertag heiligen!**
Konflikt: »Jetzt gib mir erstmal a Bier!« (Florian zu Maria)

4. **Du sollst Vater und Mutter ehren!**
Konflikt: »Jetzt red doch keinen Scheiß! – Gleich knallt's!« (Alex zu Vater Florian – Florian zu Alex)

5. **Du sollst nicht töten!**
Konflikt: »Die Rrrussen oder die Arrraber warrren's.« (Die Frrränkin Erna glaubt, Daami, also Tami, sei endführd oder ermorded worrrn.)

6. **Du sollst nicht ehebrechen!**
Konflikt: »So viel Parfüm, wie Du für Deine Computerziege brauchst pro Tag, hab ich noch nie draufgetan.« (Maria zu Florian)

7. **Du sollst nicht stehlen!**
Konflikt: »Du machst die Kunst und ich die Kasse.« (Alex' Freund Michael schlägt ihr ein tolles Geschäftsmodell vor.)

8. **Du sollst kein falsches Zeugnis ablegen!**
Konflikt: »Man sollte das ganze unwürdige Noten-Punkte-System abschaffen!« (Maria zu Alex' Lehrer)

9. **Du sollst nicht begehren deines Nächsten Weib!**
Konflikt: »Von Disco und Liebe kann kein Mensch leben!« (Florian zu Alex)

10. **Du sollst nicht begehren deines Nächsten Hab und Gut!**
Konflikt: »Ich brauche meine Freunde, meinen Biergarten, mein Haus.« (Florian lehnt die Versetzung in die USA zunächst ab.)

SOFAVERGLEICH

Gute Sitzgelegenheit

Wie man sich bettet, so sitzt man, sagt das Sprichwort (oder jedenfalls so ähnlich). Eine anständige TV-Familie erkennt der Zuschauer daran, dass bei ihr alles um den einen zentralen Gegenstand ihres Haushalts kreist. Und anders als in real existierenden Familien ist das nicht das Fernsehgerät, sondern das Sofa.

MODELL »NEO-BIEDERMEIER«

Bei Familie Wichert fläzt man sich nicht auf dem Sofa, man könnte es auch gar nicht. Hier ist das Wohnzimmer noch »Gute Stube«, und auch die Sitzgelegenheiten strahlen das Streben nach klassischer Bürgerlichkeit aus. Hier muss sich Helmut Kohl um seine Stimmen nicht sorgen. Nur ganz sicher kann man nicht sein: Stammt das Sofa wirklich noch von Uroma oder eher doch aus der Stilmöbelfertigung des Hauses »Möbel-Union«?

MODELL »OBERSTUFENRAUM«

Wie fast alles im Haus der Bundys sieht auch das Sofa aus, als sei es irgendwann in den späten Sechzigern/frühen Siebzigern an seinen Platz gelangt und seitdem nicht mehr bewegt, vermutlich nicht mal mehr abgestaubt worden. Aber genau so wie sie ist, soll diese unglaublich durchgesessene Couch mit ihren scheußlichen Farben und Mustern auch sein. Damit sich Al Bundy in seiner Sitzkuhle richtig wohlfühlt, braucht es schon diesen Hauch von Sperrmüll.

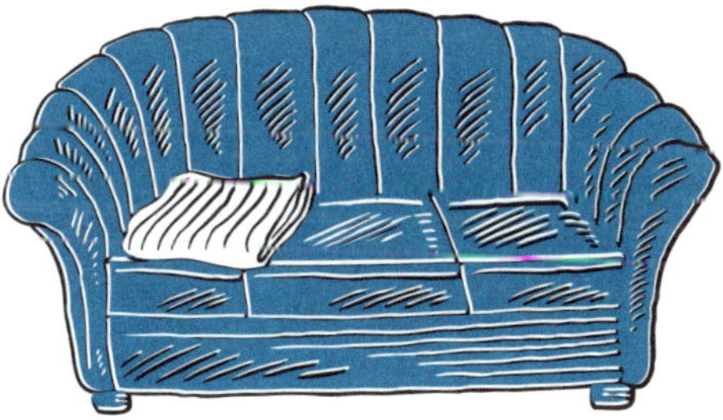

MODELL »LEDERSTRUMPF«

Werner Schumann hat es als freischaffender Werbegrafiker geschafft. Und das darf man auch seiner Wohnungseinrichtung ansehen. Sein Echtleder-Sofa ist in dem dunklen Tabakton gehalten, der auch englische Herrenclubs prägt. Gediegenheit oder das was Möbelhäuser in den Achtziger dafür hielten. Hier kann man sich nach dem Tagwerk getrost mit einem Whisky niederlassen. Für Hund Lulu liegt eine weiche Decke bereit. Das perfekte Single-Sofa – wenn man nicht mit einer Familie verheiratet wäre.

MODELL »FLORAL«

Das Sofa der Huxtables ist groß, ausladend, raumfüllend. Es ist vor allem aber weich und gemütlich. Dieses Möbelstück dient eben nicht der Repräsentation, sondern vorrangig der Entspannung für den hart arbeitenden Mediziner Cliff Huxtable. Und der Kontrast zu den zierlichen Stühlen, die ansonsten so um den Couchtisch herumstehen, illustriert auf das Schönste den ewigen Kompromiss zwischen Stil und Schluffigkeit, den Cliff mit Gattin Clair geschlossen hat.

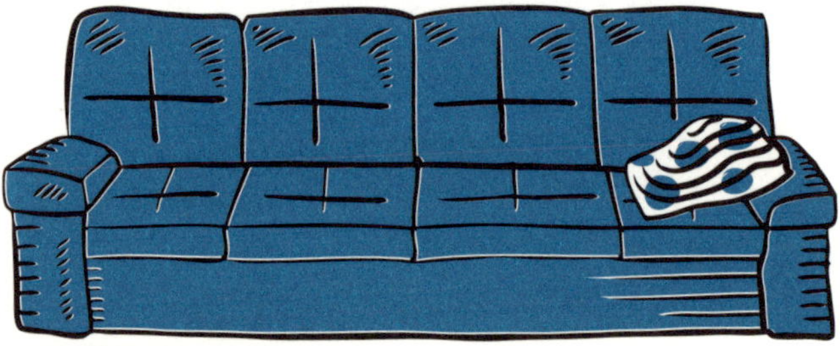

MODELL »MAUSGRAU«

Sozialarbeiter Hans und Gattin Helga Beimer haben drei Kinder im schulpflichtigen Alter. Da muss das Sofa unter der Schrankwand vor allem eines sein: unempfindlich. Pflegeleichter Velourstoff und eine unauffällig-unanfällige Farbe sorgen unter der Schrankwand dafür, dass nicht jedes umgekippte Glas Apfelsaft gleich zur Katastrophe führen muss. Das ist er, der pragmatische Geist der deutschen Hausfrau.

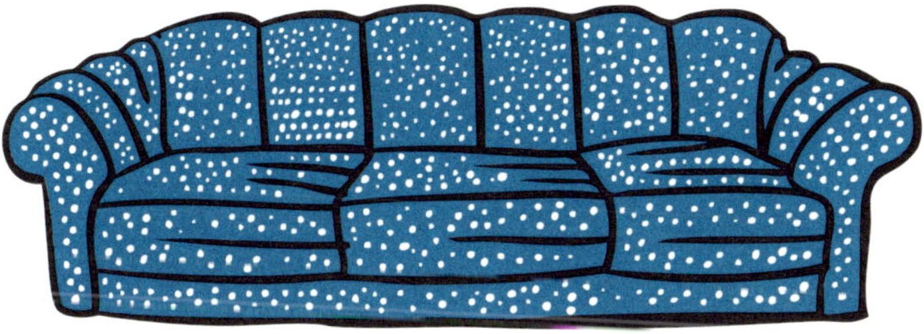

MODELL »PÜNKTCHEN UND ANTON«

Die Wohnungseinrichtung der Familie Tanner zeugt von Kates zeitlosem Suburbia-Geschmack, alles ist hier in rosa- und cremefarbenen Pastelltönen harmonisch aufeinander abgestimmt. Optischer Mittelpunkt und farbliches Gegengewicht ist das Sofa mit seinem dezent gepunkteten preußischblauen Stoffbezug. Im Sinne des ästhetischen Gesamteindrucks muss es ohne Schonbezug auskommen – und das obwohl die Tanners ihr Heim nicht bloß mit einer Katze, sondern auch noch mit einem weiteren extrem haarenden Gast teilen.

AHNENFORSCHUNG

Familie Hofer

Alle meine Tiere
1962-1963, Südwestfunk, 9 Folgen; von Heinz Oskar Wuttig

Vater Karl Hofer ist Tierarzt, und seine Frau Gerda ist halt seine Frau. Die Kinder heißen Bärbel und Ulli, und es gibt eine Haushaltshilfe namens Lenchen. Themen: Schulprobleme, erste Liebe, kleine Eifersucht. Und immer geht es irgendeinem Tier dreckig – einem verwilderten Hund, einem Seehund, vergifteten Pferden.

Gebt uns Tiernamen? Aber gern: Ulli verliebt sich in eine Frau namens Sybille Katz.

KINDERARBEIT

Berufe, Jobs und Studiengänge

- **ALF:**
  hatte auf Melmac seine eigene »Rosti«-Vertretung; auf der Erde u.a. Verkäufer von Terry-Faith-Kosmetika
- **Alex Behringer:**
  Betreiberin einer Modeboutique
- **Katja Behringer:**
  Studentin der Archäologie
- **Benny Beimer:**
  Kellner im Akropolis; vertretungsweise Aushilfe im Blumenladen
- **Klaus Beimer:**
  studiert erst Kunstgeschichte, dann Soziologie, dann Kommunikationswissenschaft; Journalist, etwa freier Mitarbeiter für den *Münchner Kurier;* Pressereferent der Konservativ-Christlichen Partei
- **Bud Bundy:**
  Fahrschullehrer, Kellys Agent u.a.
- **Kelly Bundy:**
  Model (etwa im »Verminator«-Kostüm bei der Pest Boys Cooperation); Bedienung u.a.
- **Chris Drombusch:**
  A8-Polizeiobermeister
- **Marion Drombusch:**
  Sprechstundenhilfe, Nachtclubbetreiberin, Wirtin
- **J.R. und Bobby Ewing:**
  Ölbarone
- **Gary Ewing:**
  Rancher, Autohändler u.a.

- **Tom und Markus Graf:**
  kaufen für ältere Frauen ein
- **Alexander von Guldenburg:**
  Student der Biotechnologie, Erbe von Guldenburg
- **Susanne von Guldenburg:**
  kein Ausbildungs-/Studienabschluss
- **Thomas von Guldenburg:**
  zeitweise Geschäftsführer von Guldenburg, Lebemann
- **Theodore Huxtable:**
  studiert Psychologie und wird Lehrer
- **Denise Huxtable-Kendall:**
  fotografiert u.a. Pygmäen in Afrika
- **Sondra Huxtable-Tibideaux:**
  studiert Jura
- **Alex Keaton:**
  unterrichtet Ökonomie; geht später an die Wall Street
- **Raymond Krebbs Ewing:**
  Vorarbeiter auf der Southfork Ranch
- **Evelyn Lauritzen:**
  Modeschöpferin
- **Lynn Tanner:**
  College-Studentin der Kunstgeschichte oder Sozialwissenschaft
- **Rüdiger Wichert:**
  technischer Direktor in einer Brauerei
- **Andreas Wichert:**
  arbeitet im Restaurant, besucht die Hotelfachschule, studiert später Medizin

DIE, HIHI, WILDEN ACHTZIGER

Rock 'n' Rollback

Wo junge Leute sind, wird geknutscht, das ist eine alte Familienserienregel. Weitere Regel: Wenn eine Serie im Besseren-Leute-Milieu oder wenigstens in der Mittelschicht spielt, sind zur Auflockerung auch Rocker nicht weit. Welches Kind bringt den härtesten Rockstar mit nach Hause: Lynn Tanner, Tanja Graf oder Alexander von Guldenburg?

BANDNAME

Lynn Tanner *(ALF)* steht auf den Sänger der Band The Doors, Scott Maynard. Die Gruppe nennt sich **The Doors,** weil der ursprünglich angedachte Bandname schon vergeben war.
Tanja Graf *(Ich heirate eine Familie)* hat was mit Duffy von **Duffy's Hell Rockers.**
Alexander von Guldenburg *(Das Erbe der Guldenburgs)* ist mit **Peggy Brinkley** zusammen. Ihre Band heißt wie sie.

BANDAUSSTATTUNG

The Doors:

- schwarze E-Gitarre
- rote E-Gitarre
- weiße Bassgitarre
- schwarzes Schlagzeug
- Alt-Saxophon
- Keyboards
- Kunstnebelgerät

Duffy's Hell Rockers:

- rote Gitarre
- schwarz-weiße Bassgitarre
- altrosafarbene Gitarre
- E-Klavier
- Trompete
- Posaune
- Saxophon
- dunkelgelbes Schlagzeug

Peggy Brinkley:

- weißes Schlagzeug
- roter Bass
- hellbraune E-Gitarre
- schwarze E-Gitarre
- Heroin-Tütchen

KLEIDUNG

Scott von den **Doors** trägt einen Cliff-Huxtable-Strickpullover.
Duffy trägt ein schwarzes Glitzerjackett mit hochgekrempelten Ärmeln, eine Jeans im Kuhfleckenstil, ein kariertes blasslila Hemd und eine goldene Krawatte.
Peggy trägt weißes Leder, ausladende Ohrringe und eine gelbe Feder über dem Ohr.

MUSIK

Was **The Doors** spielen, ist nicht bekannt. Es ist ALF, der auf den Instrumenten der Band einen 1a-Classic-Rock-Song spielt.

Duffy's Hell Rockers ist eine Twistband der Sorte, wie sie 2013 im Fernsehgarten aufträte. Aber 1985 – woohoo!

Peggy Brinkley spielt energiegeladene Rocksongs (ein Text geht so: »Why don't you answer? / Why don't you answer? / Why don't you answer? / Why don't you answer? / Why don't you answer?«), eine Gitarre ist sogar, wow, verzerrt. Rock 'n' Roll!

VERHÄLTNIS ZUR AUTORITÄT

Als **Scott** Lynn nach Hause bringt, ruft der eifersüchtige ALF von innen, er solle sich verziehen. Scott trollt sich schmollend. ALF rockt.

Duffy fühlt sich bei Tanja zu Hause wohl, übt dort, obwohl Vater Werner arbeiten muss, okkupiert das Bad und verbraucht den ganzen teuren Badezusatz. Ja, das rockt. Andererseits bringt er Tanja dazu, die Schule nicht zu schmeißen. Alles in allem also ZDF-Fernsehgarten-Rock.

Peggy Brinkley, selbst aus gutem Haus und am Rockzipfel ihres Vaters hängend, wird während eines Konzerts von einer Dutzendschaft von Polizisten festgenommen. Ihr Bandkollege Andy hatte sein Heroin in ihre Handtasche geschmuggelt. So eine Festnahme ist natürlich beeindruckend, auch wenn sie selbst leider keine harten Drogen nimmt.

FAZIT

Peggy ist die knappe Siegerin im Rocker-Härtekontest.

DIE FAMILIENTAUGLICHSTEN PUNKS

No future!

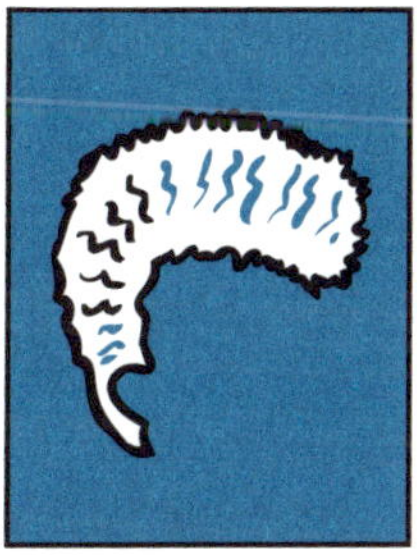

Die Zuckerwatte:
Eberhard »Hardy« Hambach,
Bruder von Werner Schumanns
Assistentin Martina

Die Fusselbürste:
Chris Barnsteg,
Nachbarin der Beimers und
WG-Bewohnerin

Das Stinktier:
Peggy Brinkley,
Sängerin und
Sascha von
Guldenburgs
Freundin

Die Fledermaus:
namenloser Punker,
der in die von Oma Wichert
blockierte Telefonzelle will

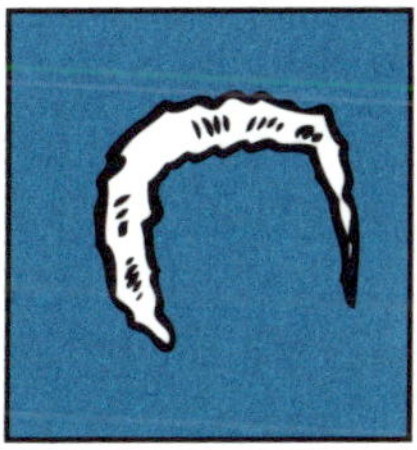

Die Silbermöwe:
Marvin »Punk« Anderson,
guter Freund
von Jock Ewing

LETZTE FOLGEN IM VERGLEICH

The End

Die letzte Folge einer Serie ist immer eine Herausforderung. Hier die auf ihre Art erwähnenswertesten Schlusssequenzen unserer Familienserien:

EIN ORGANISCHES ENDE

Diese Drombuschs endet damit, dass die Alte Mühle abbrennt, durch deren Kauf die Familie sich beinahe ruiniert hätte, was Veras Mann Sigi mit in den Herzinfarkt trieb. In den letzten Minuten sagen Vera Drombusch und ihr Cousin Ludwig einander aufmunternde Dinge und kündigen einen Neuanfang an.

Das ist ein gutes Ende, weil Handlungsfäden verknotet und Motive wie das vermaledeite Haus, die die Serie durchziehen, aufgegriffen werden, weil die stets offene und vieldeutige Beziehung von Vera und Ludwig vieldeutig und offen bleibt (mit einer Tendenz zum Guten), und weil der Grundton der Serie getroffen ist: Wenn dir das Leben mal wieder eine reinhaut, dann leg' die Stirn in Falten, hak' dich bei der Verwandtschaft unter und mach' einen Spaziergang!

EIN FURCHTBARES ENDE

ALF ist eine Sitcom. Man kann zwar behaupten, eigentlich gehe es um eine Gesellschaft, die Neuem und Fremdem gegenüber nicht aufgeschlossen ist und alles, was nicht der Norm entspricht, als Gefahr betrachtet. Aber: Bei *ALF* wird es nie wirklich ernst. Manchmal rührselig, aber nie bleibt ein Schaden. Außer in der allerletzten Szene: ALF will sich von seinen Freunden vom Planeten Melmac abholen lassen, aber die Behörden fangen die Funksprüche ab – und ALF ein. Aus.

Die Erklärung: Eine weitere Staffel war geplant, wurde aber nicht produziert. Dafür entstand ein ziemlich bescheuerter

Spielfilm ohne die Familie Tanner: ALF befindet sich darin auf der Edmonds Air Force Base. Und es endet doch noch alles schön happy. Das letzte Wort, das er darin sagt, ist »Teleshopping«.

EIN MEHR ALS GLÜCKLICHES ENDE

Das Erbe der Guldenburgs darf sich rühmen, von allen deutschen Familienserien am Ende am dicksten aufgetragen zu haben. In den letzten Minuten schnappt sich der böse Jan Balbeck den Revolver seiner Mutter und droht, Carina de Angeli zu erschießen, die an ihrem Roman schreibt, der *Das Erbe der Guldenburgs* heißt. Anschließend geht er auf die Modenschau von Evelyn Lauritzen, schießt in die Luft und bedroht Achim, der eine Zeitlang sein Kompagnon im Intrigieren war. Aber dann kommt die Polizei und nimmt ihn fest.

Christine und die Nebenfrau ihres verstorbenen Mannes, Carina, vertragen sich endlich. Carina überreicht ihr das Manuskript des Romans – »das einzige Exemplar«, sagt sie. Christines Freundin Aenne liest darin: »Und schluchzend fiel die überglückliche Gräfin dem alten Chauffeur in die Arme.« Im nächsten Augenblick geht die Tür auf, und der alte Chauffeur tritt ein. Die Gräfin fällt ihm in die Arme.

Tochter Susanne entscheidet sich gegen Claudio und für die Familie. Sie geht zurück nach Guldenburg zu ihrem Kind und dessen Vater Tobias, dem Sohn des Chauffeurs. Mit dem Geld von Claudios Großvater werde sie das Schloss kaufen und ihren Bruder Alexander auszahlen, kündigt Susanne an. Damit ist der Erbstreit gelöst und das Familienunternehmen gerettet.

Am heimeligen Feuer, in dem Carina das Manuskript verbrennt, kommen alle Sympathieträger zusammen: die Chauffeursfamilie, Christine und ihr Vater, Susanne, Carina de Angeli und ihr kleiner Sohn, und Christines Freundin Aenne. Die Guten haben sich gefunden. Die Bösen und Zwielichtigen haben verloren. Riesenkitsch. Aber wie sagt man? So kitschig, dass es beinahe schon wieder gut ist. (Beinahe.)

FAMILIENDUELL

Psycho Dads

Wer träte wohl eher als Familienminister für die Vereinbarkeit von Familie und Beruf ein? Der käsfüßige Schuhverkäufer Al Bundy, der Angst vor fetten Frauen hat? Oder Siegfried Drombusch, der findet, dass Frauen auch Karriere machen dürfen, solange sie dabei noch Zeit für den Haushalt haben?

WER IST FÜR DIE KINDESERZIEHUNG ZUSTÄNDIG?

Al Bundys Position ist an sich eindeutig: Wenn seine Frau Peggy arbeiten wollte (und ihm folglich weniger auf der Tasche läge), würde er sie zum eigenen Besten nicht abhalten – zumal die Kinder ohnehin tun und lassen, was sie wollen. Andererseits: Wären die Kinder kleiner, würde man sich zu ihrem Wohl lieber nicht vorstellen wollen, wie er Babys wickelt und Fläschchen gibt.

Al Bundys Position: Erziehung, warum?

Siegfried Drombusch ist Stadtverordneter in Darmstadt, hat diverse Ehrenämter inne, und wer in der Politik etwas sein will, muss auch in der Freizeit repräsentieren. Als seine Frau Vera ihn auffordert, mit Sohn Thomi Hausaufgaben zu machen, sagt er: »Entschuldige, du bist zu Hause, nicht ich.« Was Vera zu einem hübschen Monolog bewegt, in dem sie ganz nebenbei das Wort »zeitungsträchtig« erfindet: »Stimmt, ich bin in der Tat samstags zu Hause, während du aufregende Entspannung auf der Fußballtribüne suchst. Ich bin auch sonntags zu Hause, während du beim strapaziösen Frühschoppen überparteiliche Beziehungen pflegst. Und besonders bin ich in der Woche abends zu Hause, wenn du bei zeitungsträchtigen Vereinsfeiern die Partei vertrittst, bedeutsames Blablabla machst und mit Städte verschwisternden Damen charmierst.«

Siegfried Drombuschs Position: Es ist mir nicht egal, wer unseren Sohn erzieht, Hauptsache, es ist die Frau!

WER IST LERNFÄHIGER?

Ein Al Bundy ist nicht lernfähig.

Siegfried Drombusch schon. Kaum hat ihn Vera zusammengestaucht, schon erzieht er Thomi auch mal mit: »So mein Lieber, das bequeme Leben hat ein Ende. Von nun an zeigst du uns täglich deine Aufgaben vor, entweder Mami oder mir. Klar?«

Es ist sicher nicht notwendig, darauf hinzuweisen, dass »entweder Mami oder mir« in der Praxis »Mami« bedeutet.

FRAUEN AN DEN HERD?

Al sieht zwei geeignete Orte für Frauen: Nacktmagazine und die Küche. Er hätte also durchaus gern, dass Peggy für ihn kocht. Endlich mal.

Vera wärmt auch mal Dosen auf (nur die besten Dosen natürlich), und Siegfried beschwert sich nicht (jedenfalls nicht laut). Er würde aber niemals selbst kochen. Frauen an den Herd? Nicht unbedingt. Männer aber schon mal gar nicht. (Die Lösung: Oma ist die beste Köchin.)

WER SETZT SICH STÄRKER FÜR DIE GLEICHSTELLUNG VON FRAUEN EIN?

Das diesbezügliche Engagement der zwei liegt unter der Messbarkeitsgrenze. Al Bundy ist der geistige Vater der Organisation NO MA'AM – National Organisation Men Against Amazonian Masterhood, zu deutsch etwa: Nationale Organisation von Männern gegen die Herrschaft der Weiber. Der Grund für die Gründung ist, dass Al Bundys Bowlingabend zum Frauenabend und seine Lieblingsnacktbar zum Café umgewandelt werden.

Was NO MA'AM tut: Bier trinken, T-Shirts mit einem durchgestrichenen Weiblich-Symbol tragen, Müttern verbieten, im Schuhgeschäft ihre Kinder zu stillen, die Anerkennung als religiöse Gemeinschaft vorantreiben.

Al Bundy setzt sich vielleicht nicht für die Gleichstellung von Frauen ein. Aber: dagegen!

Siegfried Drombusch ist Mitglied einer nicht namentlich genannten Partei. Aber es ist gut denkbar, dass die ehemalige Familienministerin Kristina Schröder (CDU) *Diese Drombuschs* gesehen und sich den einen oder anderen Gedanken gemerkt hat. In einer Rede singt Sigi zum Beispiel ein Loblied auf die Hausfrau, das auch von ihr kommen könnte: »Emanzipierte Frau, wer ist denn das? Nur eine Frau im Beruf? Ist etwa die Fließbandarbeiterin, der nichts anderes übrig bleibt, als schaffen zu gehen, nur dass die Kohlen stimmen, eine emanzipierte

Frau? Und ist die Hausfrau keine? (...) Eine Hausfrau ist Psychotherapeutin für Kinder und Ehemann, Hilfslehrerin, Krankenpflegerin und Leiterin eines Wirtschaftsunternehmens, oft unter schwierigsten Bedingungen.«

Sigi Drombusch ist ein prima Redner. Muss man ja auch sein, wenn man Politik macht.

WER HAT DIE STÄRKERE OPPOSITION?

Al Bundy bekommt es mit seiner Nachbarin Marcy zu tun, die die Gruppe F.A.N.G. leitet – Feminists Against Neanderthal Guys, zu deutsch etwa: Feministinnen gegen Neanderthaler. Peggy weigert sich, Hausfrau zu sein. Und Al hat eine Chefin. Der Gegenwind bläst ordentlich.

Siegfried erfährt immerhin mittellauten Widerstand von Vera, die über seine Vorstellung von der Aufgabenverteilung in ihrer Ehe sagt: »Das ist das Partnerschaftsbild der Jahrhundertwende.«

Fazit: Als Familienminister taugen beide beinahe gleich gut, sofern man den Familien- als Männerminister versteht.

AHNENFORSCHUNG

Familie Buchner

Der Forellenhof
1965, Südwestfunk, 8 Folgen; von Heinz Oskar Wuttig

Auch hier ist der Vater, Hotelier Otto Buchner, die Hauptfigur. Seine Frau Anna und die Schwester Ruth dürfen aber immerhin mitarbeiten (in einem Hotel muss ja auch irgendjemand die Betten machen).

Die Kinder: Jörg, Klaus und die kleine Christa. Dazu gibt es Opa Franz, der Forellen züchtet.

LEBENSHILFE

Zu welcher Fernsehfamilie gehöre ich eigentlich?

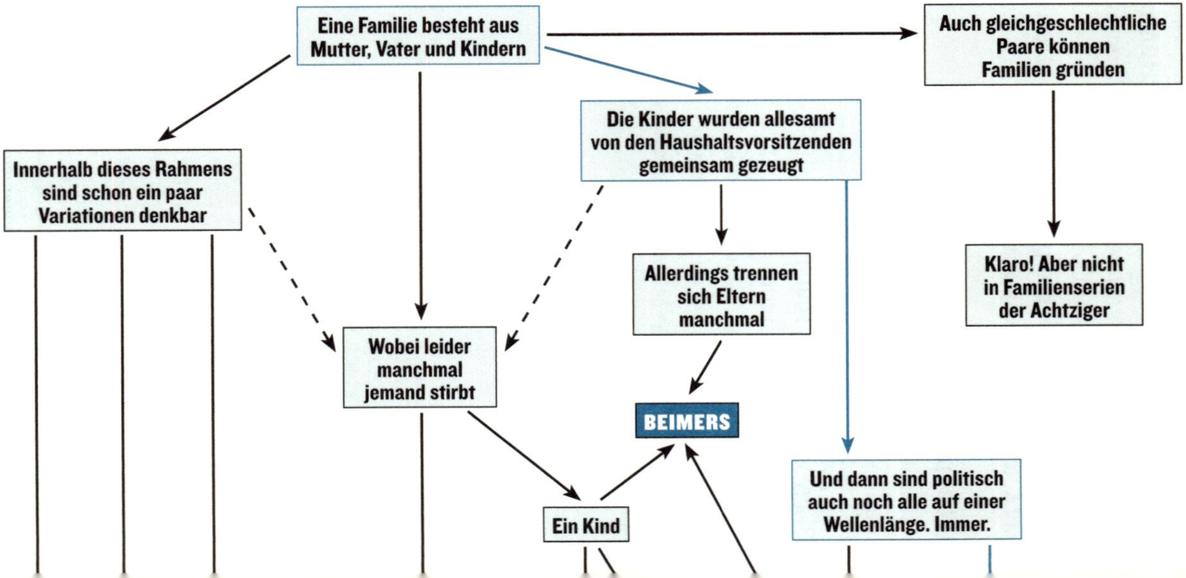

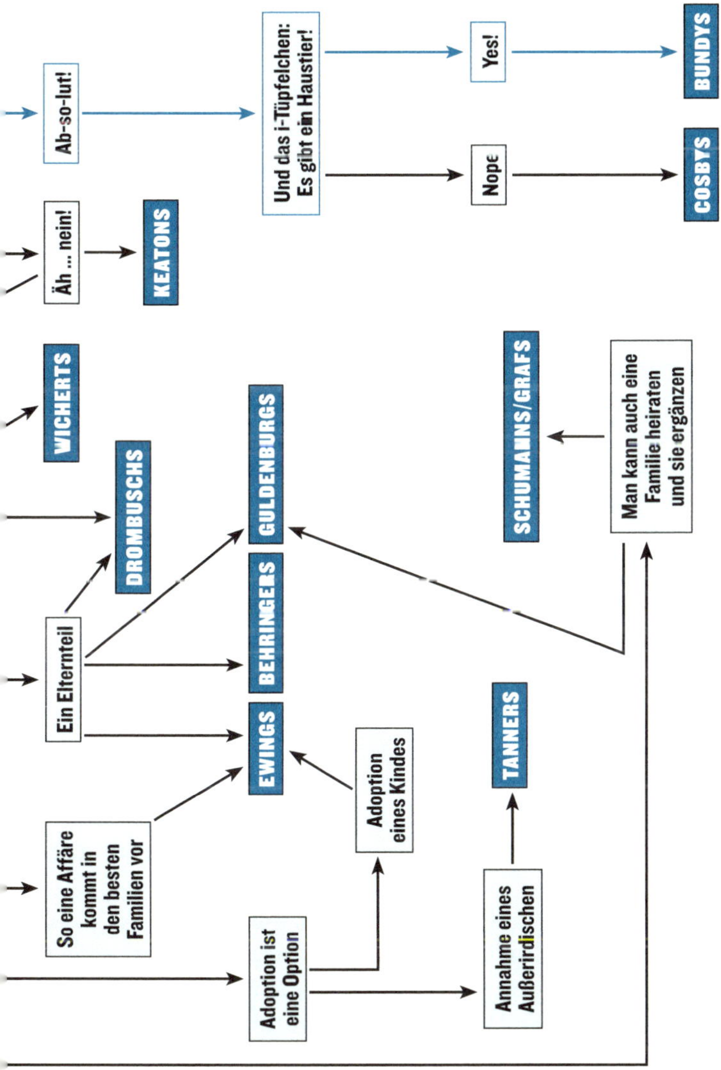

Ab-so-lut!
Äh ... nein!
KEATONS
Und das i-Tüpfelchen: Es gibt ein Haustier!
Yes!
Nope
BUNDYS
COSBYS
WICHERTS
DROMBUSCHS
GULDENBURGS
BEHRINGERS
EWINGS
Ein Elternteil
SCHUMANNS/GRAFS
Man kann auch eine Familie heiraten und sie ergänzen
TANNERS
So eine Affäre kommt in den besten Familien vor
Adoption eines Kindes
Adoption ist eine Option
Annahme eines Außerirdischen

ARCHETYPEN

Die glücklichen Drombuschs

Die Figurenkonstellationen der Drombuschs und der Behringers (aus *Die glückliche Familie)* weisen die eine oder andere Ähnlichkeit auf.

DAS WERTKONSERVATIVE FAMILIENOBERHAUPT

Bei den Drombuschs: Siegfried, der Vater
Guter Beruf, vollzeitbeschäftigt, mit Erziehungsaufgaben überfordert; deutet das Weltgeschehen vorwiegend wirtschaftlich aus. Als Tochter Marion auszieht, sagt er: »Immer nur nehmen, das funktioniert nicht, nirgends, auch nicht in der Familie.«

Bei den Behringers: Florian, der Vater
Guter Beruf, vollzeitbeschäftigt, mit Erziehungsaufgaben überfordert; deutet das Weltgeschehen vorwiegend wirtschaftlich aus. Als die mittlere Tochter ihre Arbeit hinschmeißt, sagt er: »Wenn du am Montag nicht an deiner Nähmaschine sitzt, dann fliegst du hier raus.«

DAS VERGLEICHSWEISE WELTOFFENE FAMILIENZENTRUM

Bei den Drombuschs: Vera, die Mutter
Arbeitet halbtags, gleicht Vaters Strenge im Zweifel mit weiser Milde aus. Als Tochter Marion auszieht, sagt sie ihr: »Wenn irgendwann mal was schiefläuft, dann hab' bitte keinen falschen Stolz.«

Bei den Behringers: Maria, die Mutter
Arbeitet halbtags, gleicht Vaters Strenge im Zweifel mit weiser Milde aus. Als die mittlere Tochter auszieht, sagt sie zu ihrem Mann: »Du hast einfach nicht genug Vertrauen in deine Kinder.«

DAS ÄLTESTE KIND, DAS AUF EINER VERHÄLTNISMÄSSIG GERADEN BAHN LANDET

Bei den Drombuschs: Chris
Er ist Polizist und lebt mit Tina zusammen, die er auch heiratet. Eine Trennung ist eine Zeitlang im Bereich des Möglichen.

Bei den Behringers: Katja
Sie studiert. Nach gescheiterter Beziehung kommt sie nach Hause zurück.

DAS AUFMÜPFIGE MITTLERE KIND, DAS NICHT DEN VORSTELLUNGEN DER VÄTER ENTSPRICHT

Bei den Drombuschs: Marion
Sie ist Arzthelferin, lehnt sich aber gegen ihren konservativen Chef auf und fliegt raus. Sie verurteilt die Konventionen, den fehlenden Drive der bürgerlichen Familie. Ihr Freund bedrängt sie, aus der Enge der bürgerlichen Familie auszubrechen, was sie auch tut. Sie bekommt ein uneheliches Kind, beginnt eine Beziehung mit Peter Wollinski, der sie um viel Geld bringt, und betreibt eine Striptease-Bar.

Bei den Behringers: Alex
Sie geht ohne Abschluss von der Schule und schmeißt ihre Ausbildung bei einem autoritär auftretenden Designer, weil sie dessen »nackten Frühkapitalismus« verurteilt. Ihr Freund freut sich, dass sie aus der Enge der Familie ausbricht: »Du bist richtig cool geworden, du hast dich verändert.« Sie bekommt ein uneheliches Kind, beginnt eine Beziehung mit Heinrich Wolfgruber, der die Versicherung betrügt, und betreibt eine Modeboutique.

DAS JÜNGSTE KIND

Bei den Drombuschs: Thomi
Ein keckes Bürschchen, das Leben in die Bude bringt, nun, da die Älteren aus dem Haus sind.
Bei den Behringers: Tami
Eine kecke Göre, die Leben in die Bude bringt, nun, da die Älteren aus dem Haus sind.

DIE VERKÖRPERUNG VON ALTERSWEISHEIT UND -STARRSINN

Bei den Drombuschs: Margarethe, Oma väterlicherseits
Eine Figur der Klassik. Bandelt neu an. Trägt komödiantische Züge, ist letztlich aber eine tragische Figur.
Bei den Behringers: Ludwig, Opa väterlicherseits
Eine Figur der Romantik. Bandelt neu an. Ist komödiantisch angelegt.

DER ECHTE MENSCH

Bei den Drombuschs: Onkel Ludwig
Babbelt nach einer Hochdeutschphase schönes Hessisch. Er geht einen langen Leidensweg und verkörpert am Ende die Erlösung.
Bei den Behringers: Haushälterin Erna
Spricht Fränkisch. Sie spielt die Rolle der Hofnärrin (mit gerolltem R).

Das Gewicht des Todes

Die Bedeutung einer Figur für eine Serie bemisst sich nicht selten an den Auswirkungen ihres Todes. Mit mancher Figur stirbt gleich die ganze Serie, nach dem Tod einer anderen bekommt sie eine völlig neue Richtung – und oft genug merkt man kaum, dass jemand fehlt.

Sigi Drombusch erleidet einen zweiten, diesmal tödlichen Herzinfarkt, als er ausnahmsweise im Haushalt tätig wird. Er stirbt gekonnt in den Armen seiner lieben Frau Vera. Nur Winnetou starb in den Armen Old Shatterhands noch schöner. Die Serie ist zu diesem Zeitpunkt aber lange nicht vorüber; von nun an steht Vera im Mittelpunkt: Wie wird sie ihr weiteres Leben managen?

Der Polizist Chris Drombusch stirbt, nachdem er im Einsatz am Kopf verletzt wurde. Der Tod des Sohnes wirft Vera viel weiter aus der Bahn als der ihres Mannes: Medikamente, Rachegelüste, das ganze Programm. Die Serie steuert damit auf ihren Höhepunkt zu: Haut es Vera um, oder kriegt sie sich wieder?

Maria Behringer überlebt ihre Operation nicht. Die Töchter scharen sich auf dem Klinikflur um den Vater. Mit dem Tod der Mutter kommt *Die glückliche Familie* zu einem Abschluss.

Martin stirbt in *Das Erbe der Guldenburgs* bei einem Autounfall. Es folgt die Testamentseröffnung, und nun wird es interessant: Dem Familienunternehmen geht es unerwartet schlecht. Zwei der vier Kinder sind beleidigt. Die Zutaten sind angerichtet, die Geschichte kann beginnen.

Das Problem an Martin von Guldenburgs Testament ist, dass der dadurch aufgeworfene Konflikt nicht zu Ende verhandelt werden konnte: Die Darsteller des Thomas und des Alexander – die beiden Halbbrüder, die sich nach dem Vorbild von *Dallas* in die Wolle kriegen müssten – verließen beide die Serie. Ebenso wichtig für die weitere Handlung ist daher der so nicht eingeplante Tod von Guldenburg-Matriarchin Herta (der notwendig wurde, weil Darstellerin Brigitte Horney während der Dreharbeiten starb): Ihre Anteile an der Hausbank vermacht sie nämlich dem Bruder ihres verstorbenen Mannes Wilhelm, Friedrich von Guldenburg. Sie tut es, »damit die alte Schuld beglichen ist«, die darin besteht, dass Wilhelm die Gestapo auf Friedrich hetzte, nachdem der sich seinerzeit in die Frau von Hausbankier Schulte verliebt hatte. Friedrich musste mit seiner Geliebten nach Brasilien fliehen, wo er heute noch lebt, auf Rache sinnt und nun dank Hertas Testament die Guldenburgs in der Hand hat: Behält er die Anteile, sind sie am Ende. So bringt Hertas Tod den entscheidenden Twist in die Geschichte.

Benny Beimer verunglückt auf dem Weg zur zweiten Hochzeit seiner Mutter mit dem Bus und stirbt. Schauspieler Christian Kahrmann hatte gerade sein Abitur gemacht, ein Studium begonnen, und er hatte dem Vernehmen nach keine Lust mehr auf die *Lindenstraße.* Also wurde er aus der Serie geschrieben.

Der Wichert-Sohn **Rüdiger** stirbt bei einem Unfall am Arbeitsplatz. Die Familiengeschichte geht ohne ihn weiter, es liegt nun allerdings ein Schatten auf den Figuren.

Die Brüder **J.R. und Bobby** sind Konkurrenten, aber erst nach dem Tod des Patriarchen, Jock Ewing, beginnt der große Streit zwischen ihnen. Dieser Bruderzwist ist so zentral in *Dallas,* dass man glauben könnte, er sei stets geplant gewesen. War er aber nicht: Jock Ewing starb erst in der fünften Staffel, und zwar nur, weil sein Darsteller Jim Davis aufgrund einer schweren Krankheit verschieden war. Die Autoren überlegten noch, ob sie einen anderen Schauspieler einsetzen sollten. Nach einem Dutzend Folgen, in denen Jock sich offiziell bei Ölbohrungen in Südamerika befand und daher nie zu sehen war, ließen sie die Figur dort aber schließlich mit dem Hubschrauber abstürzen.

AHNENFORSCHUNG

Familie Werner

Familie Werner auf Reisen
1971, ZDF, 5 Folgen; von Hannes Dahlberg und Heinz Oskar Wuttig

Studienrat Hans Werner und seine Frau Brigitte reisen mit den Kindern Mille, Bibi und Basti in europäische Länder. Es geht um die Jugendliebe des Vaters, die Liebe der Großmutter, einen zu lauten Motorradfahrer und um ein geschmuggeltes Kaninchen, Wuppi. Die Namen der Kinder und des Kaninchens erinnern daran, dass 1971 nicht nur kurz nach 1968 war, sondern auch die Zeit der Pepe, der Paukerschreck-Filme.
Wer mitspielte: Gunnar Möller und Brigitte Rau, ein Schauspielerehepaar, als Vater und Mutter Werner. Im echten Leben erschlug Möller seine Frau 1979 im Affekt, laut *Frankfurter Rundschau* mit einem Saunaschemel.

DIE GRAFIK

Wo Frauen am liebsten sind

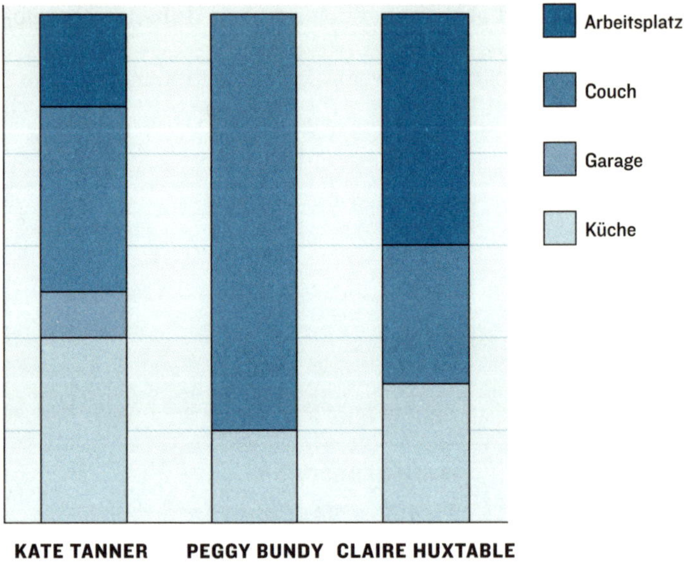

DIE GRAFIK

Wo Männer am liebsten sind

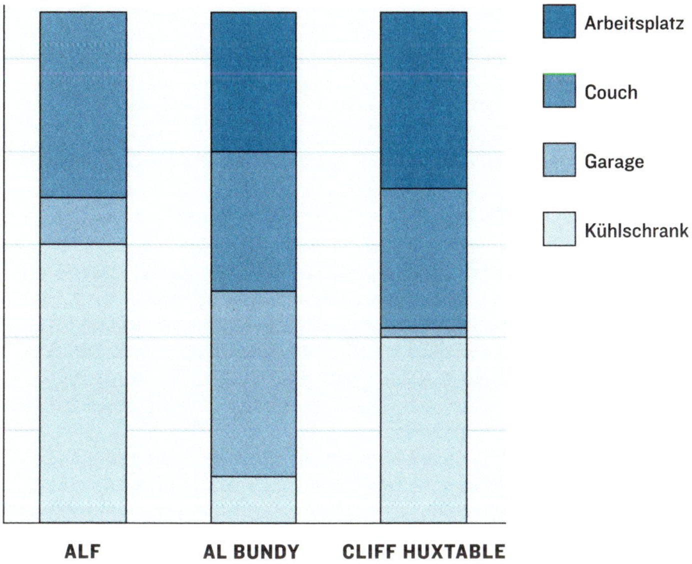

WAS ERBEN ERBEN I

Das Guldenburg-Testament

Mein letzter Wille

Ich, Martin Johannes von und zu Guldenburg, (...) setze hiermit meinen zweitgeborenen Sohn, Alexander Leopold, zum Alleinerben ein.

> Alexander schaut ehrlich überrascht. Sein Bruder Thomas dagegen blickt drein wie ein geprügelter Boxer, springt auf und verlässt fluchtartig den Raum. Herta ruft: »Thomas!«

Ich setze folgende Vermächtnisse aus. Erstens: Meine Frau Christine erhält Geschäftsanteile in Höhe von 30 Prozent des Stammkapitals unserer Familienholding. Sie erhält ferner unser Haus auf Sylt und ein lebenslängliches unentgeltliches Wohnrecht im Schloss Guldenburg.
Zweitens: Meine Tochter Susanne erhält Geschäftsanteile in Höhe von 17,5 Prozent.
Drittens: Meine Tochter Evelyn erhält Geschäftsanteile in Höhe von 10 Prozent des Stammkapitals, im Hinblick darauf, dass sie schon einen erheblichen Betrag zur Verrechnung auf ihren Erbanteil erhalten hat.

> Das ist der entscheidende Punkt für den weiteren Serienverlauf: Evelyn, die Frau des Serienfieslings Achim Lauritzen, erhält überschaubare Anteile. Von nun an wird Achim noch stärker intrigieren, um einen Fuß in die Tür von Guldenburg zu bekommen. Evelyn verzieht keine Miene, steht auf und geht Thomas nach.

Viertens: Mein Sohn Thomas erhält Geschäftsanteile in Höhe von 17,5 Prozent des Stammkapitals.
Ich ordne Testamentsvollstreckung an und bestimme zu den gemeinsamen Testamentsvollstreckern meine Mutter und meine Frau Christine. Sollte mein Sohn Alexander bei meinem Ableben noch nicht das 25. Lebensjahr vollendet haben, so haben die Testamentsvollstrecker alles, was ihnen nach Ausrichtung der ausgesetzten Vermächtnisse verbleibt, bis zu diesem Zeitpunkt zu verwalten.

WAS ERBEN ERBEN 2

Das Testament des Jock Ewing

(...) Gary und Ray: Auch wenn Ihr in meinem Herzen genauso viel Platz einnehmt, mir genauso nahesteht wie Eure Brüder, so hat doch keiner von Euch für das Geschäftsleben Neigung gezeigt. (...) Darum ist die Wahl meines Nachfolgers auf Bobby und J.R. beschränkt. Jungs, das Folgende ist an Euch gerichtet: Es war meine größte Hoffnung, dass Ihr eines Tages gemeinsam Ewing Oil leiten würdet, als ein Team. Die Hoffnung habe ich aufgegeben. Ewing Oil braucht einen Mann an der Spitze, und das muss der Mann sein, dem am meisten dran gelegen ist.

Ellie leise: »Oh, Jock, nein!« Sie ahnt, was der Konkurrenzkampf der Brüder bedeutet, der von da an die Serie dominiert.

Darum wünsche ich, dass nach meinem Tod überparteilich der Vermögenswert des Firmenbesitzes festgestellt wird, welcher auf dem Papier geteilt werden soll, so dass J.R. und Bobby jeder genau 50 Prozent der Vermögensmasse kontrollieren können. (...) Derjenige meiner Söhne, der es geschafft hat, aus seinem Anteil an Ewing Oil den größeren Gewinn herauszuwirtschaften, gewinnt damit 51 Prozent der Geschäftsanteile und ist somit im Stande, Ewing Oil nach eigenem Gutdünken zu leiten. Der Verlierer in diesem Wettstreit erhält 19 Prozent.

Die verbleibenden 30 Prozent werden zu gleichen Teilen zwischen Ray, Gary und Miss Ellie geteilt. Damit wird sichergestellt, dass sie immer an dem Gewinn der Firma beteiligt sind, ... die zu keiner Zeit unter keinen Umständen jemand besitzen darf, der kein Ewing ist. Noch eines zum Abschluss: Sollte es das Schicksal wollen und nimmt vor Ablauf des Jahres das Leben eines der beiden Söhne vorzeitig, dann erbt der Sohn, der am Leben geblieben ist, automatisch dessen Anteile, und die Firma fällt ihm zu.

J.R.s Reaktion: »Lieber Bobby, auf Deine Gesundheit und ein langes Leben!«

WAS BIN ICH? (I)

Die Arbeit unserer Väter

Sie sehen hier die Berufe der männlichen Hauptfiguren. Raten Sie, wie viele Familienväter vornehmlich als Hausmann tätig sind und die Kindeserziehung übernehmen! Richtig. Und jetzt: bitte zuordnen! (Einige Väter gehen mehreren Tätigkeiten nach.)

- Florian Behringer
- Hans Beimer
- Al Bundy
- Siegfried Drombusch
- Jock Ewing
- Martin Graf von Guldenburg
- Heathcliff Huxtable
- Steven Keaton
- Werner Schumann
- Willie Tanner
- Eberhard Wichert

- Antiquitätenhändler
- Arzneimittelvertreter
- Beamter am Sozialamt
- Betriebsleiter
- Diplom-Ingenieur
- Fernsehjournalist
- Frauenarzt
- freiberuflicher Werbegrafiker
- Geschäftsführer der eigenen Bierbrauerei
- Gründer einer Ölfirma
- Leiter des Familiengestüts
- Mitglied des Darmstädter Stadtrats
- Schuhverkäufer
- Sozialpädagoge im Jugendamt

Auflösung: Florian Behringer – Diplom-Ingenieur; Hans Beimer – Sozialpädagoge im Jugendamt; Al Bundy – Schuhverkäufer; Siegfried Drombusch – Antiquitätenhändler, Arzneimittelvertreter, Mitglied des Darmstädter Stadtrats; Jock Ewing – Gründer einer Ölfirma; Martin Graf von Guldenburg – Geschäftsführer der eigenen Bierbrauerei, Leiter des Familiengestüts; Heathcliff Huxtable – Frauenarzt; Steven Keaton – Fernsehjournalist; Werner Schumann – freiberuflicher Werbegrafiker; Willie Tanner – Beamter am Sozialamt; Eberhard Wichert – Betriebsleiter, Tischlermeister.

WAS BIN ICH? (2)

Die Arbeit unserer Mütter

Sie sehen hier die Berufe – okay, Tätigkeiten – der weiblichen Hauptfiguren. Raten Sie, wie viele Familienmütter nicht nur als Hausfrau tätig sind und die Kindeserziehung übernehmen! Falsch. Nur einer der unten genannten Berufe ist nicht vergeben.

- **Maria Behringer**
- **Helga Beimer**
- **Peggy Bundy**
- **Vera Drombusch**
- **Ellie Ewing**
- **Angelika Graf**
- **Christine von Guldenburg**
- **Claire Hanks-Huxtable**
- **Elyse Keaton**
- **Kate Tanner**
- **Hannelore Wichert**

- Antiquitätenhändlerin
- Architektin
- Bankkauffrau
- Betreiberin einer Boutique für Kindermode
- Diplom-Jodlerin
- Fernseherin
- Frau und Mutter
- Frau des Grafen
- freie Journalistin
- Getränkehändlerin
- Hausfrau
- Hausfrau
- Hausfrau
- Hausfrau, die sich weigert, als Hausfrau zu arbeiten
- Immobilienmaklerin
- Krankenschwester
- Teilhaberin einer Anwaltskanzlei

Auflösung: Maria Behringer – Hausfrau, freie Journalistin; Helga Beimer – Hausfrau, Bankkauffrau, arbeitet in einem Reisebüro; Peggy Bundy – Hausfrau, die sich weigert, als Hausfrau zu arbeiten, Fernseherin; Vera Drombusch – Krankenschwester, Antiquitätenhändlerin, Hausfrau; Ellie Ewing – Frau und Mutter; Angelika Graf – Betreiberin einer Boutique für Kindermode; Christine von Guldenburg – Frau des Grafen; Claire Hanks-Huxtable – Teilhaberin einer Anwaltskanzlei; Elyse Keaton – Architektin; Kate Tanner – Hausfrau, Immobilienmaklerin; Hannelore Wichert – Getränkehändlerin; das Jodel-Diplom macht Evelyn Hamann in einem Loriot-Sketch.

LEBENSHILFE

Ernährungspyramiden

Menschen essen Dinge. Wenn sie gesund leben wollen, essen sie nur bestimmte Dinge, und zwar in einem ausgewogenen Verhältnis. Dieses Verhältnis verbildlichen Fachleute gerne mal in einer Ernährungspyramide, die zeigt, wie es sein sollte. Die Realität sieht meist ganz anders aus. Hier die total ehrlichen Ernährungspyramiden von ALF, Onkel Ludwig, Al Bundy & Co.

ALF mag Katzen. Er kriegt zwar keine Katzen. Aber eine Ernährungspyramide ist ja immer ein Idealtyp:

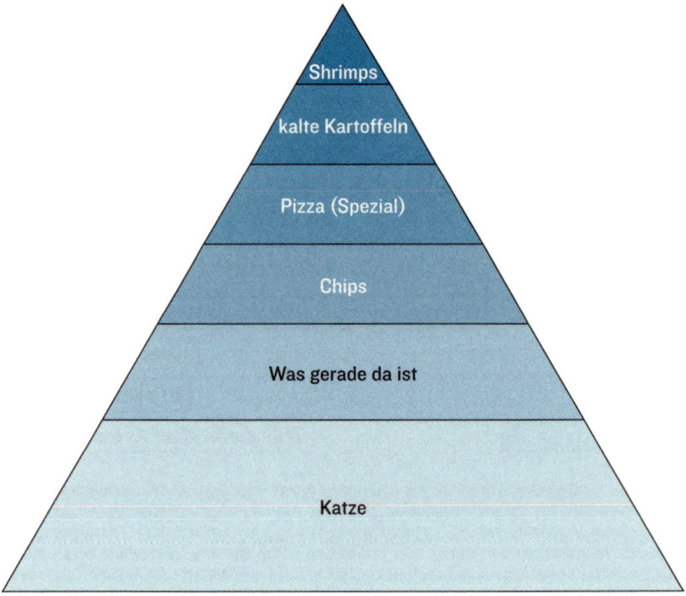

ALF

Die Tanners, ALFs Familie, essen auch Müsli und Eier, schon klar, aber im Vorspann der ersten Staffel stellen sie sich als Familie vor, die nach folgender Pyramide speist:

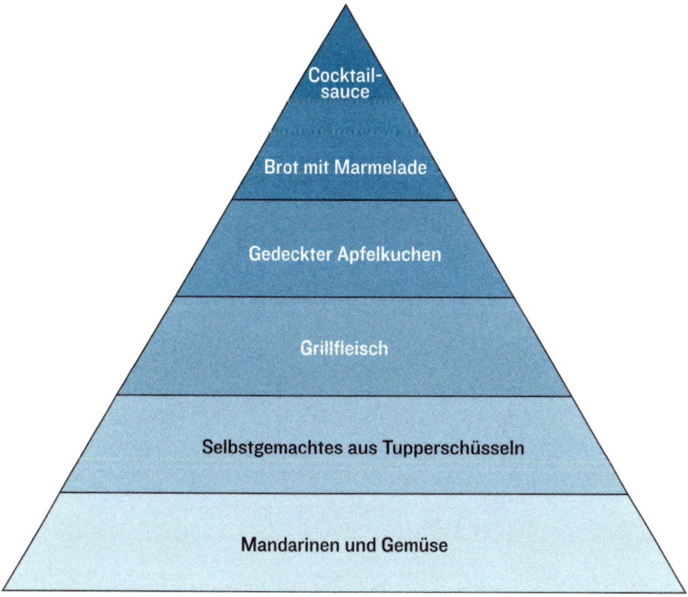

DIE TANNERS

Die Bundys ernähren sich besonders gesund – eigentlich entschlacken sie ihre Körper rund um die Uhr. Gut, manchmal gibt es ein Schmankerl:

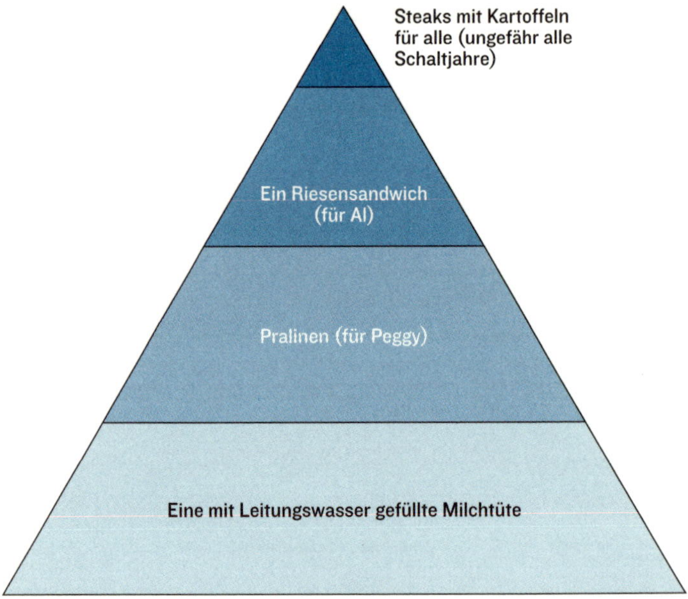

BUNDYS

Der Kühlschrank der Drombuschs steht nicht ständig offen, aber wenn er mal offen steht, offenbart er eine erschreckende Unausgewogenheit. (Kann natürlich auch daran liegen, dass Vera gerade Quarkwickel für Martin Sanders macht.)

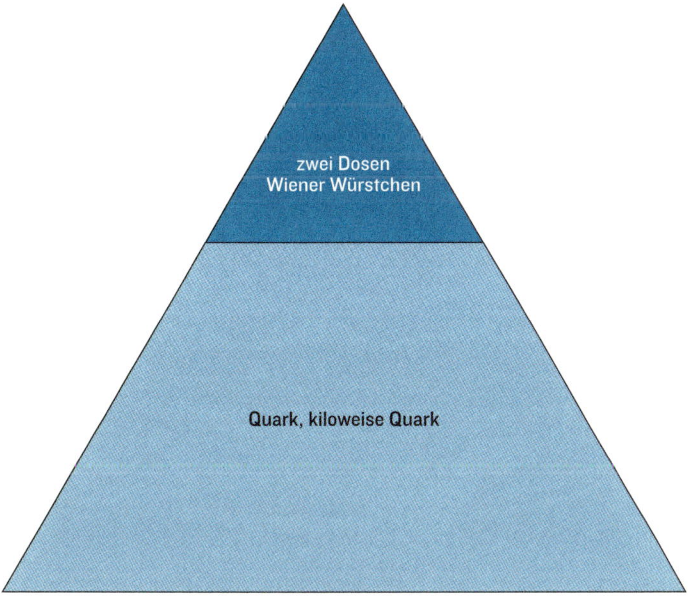

DROMBUSCHS

Die Ernährungspyramide von Cliff Huxtable aus der *Bill Cosby Show* ist eigentlich ein Sandwich und sieht so aus:

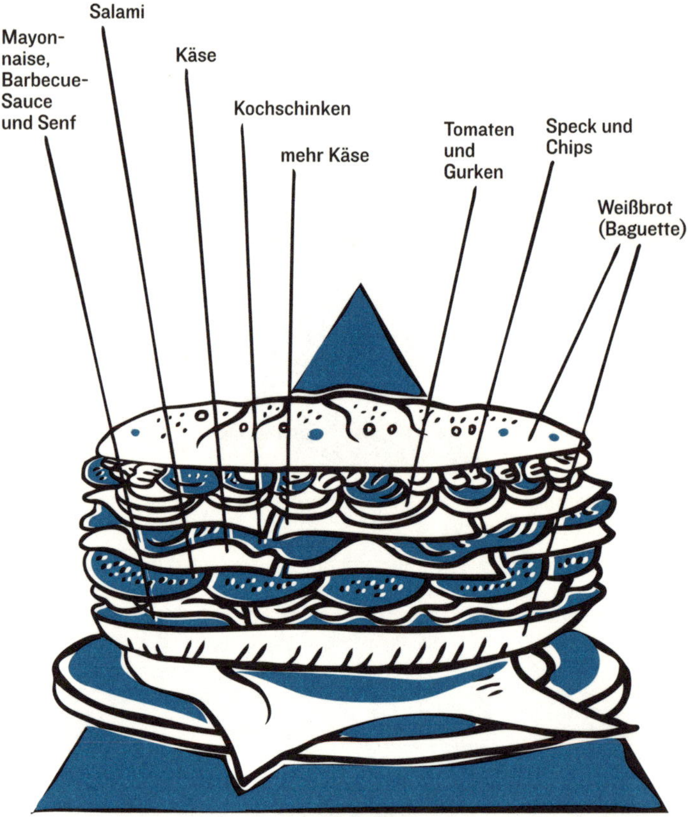

CLIFF HUXTABLE

PLANETEN

Ich seh' den Sternenhimmel

ALFs Heimatplanet Melmac ist nicht der einzige weltbekannte Planet, dessen Existenz in der Schule verschwiegen wird. Hier sind einige weitere:

Antera: Heimat des Außerirdischen Walter im Film *Cocoon*
Moran: Planet in den Heftromanen *Raumschiff Promet*
Darkover: Planet im Werk der Science-Fiction-Autorin Marion Zimmer Bradley
Bajor: Planet der Bajoraner in *Star Trek*
Xarbia: Planet im Film *Mutant – Das Grauen im All*
Arous: Planet in *Die Augen des Satans*
Altor: Planet im Sonnensystem Demeter in der Serie *Space Cops*
Mansalvat: Planet in der *Ler*-Trilogie
Altair 4: Planet im Film *Alarm im Weltall*
Ygam: Planet im französischen Zeichentrickfilm *Der phantastische Planet*
Agym: noch ein Planet im französischen Zeichentrickfilm *Der phantastische Planet*
Morganthus: Planet des Schreckens im Spielfilm *Planet des Schreckens*
Dessa: Planet in *Die Frau aus dem All*
Orania: titelgebender Planet eines russischen Spielfilms

GULDENBURGS VS. DROMBUSCHS

Tabu-Duell

Selbstverständlich würden wir über Florian Behringers ruchloses Bettverhältnis mit seinem Vater schreiben oder über Marion Drombuschs Dreiecksbeziehung mit ihrem Bruder Chris und einem Pony – wenn wir diese Beziehungen dafür nicht erfinden müssten. Unsere braven deutschen Fernsehfamilien halten sich an die Sitten und das Bürgerliche Gesetzbuch: Verwandte in gerader Linie (also Eltern-Kind oder Großeltern-Kind) und Geschwister sollen die Finger voneinander lassen.

Zwei Serienpärchen oder -beinahepärchen wandeln allerdings zumindest auf der Schwelle zum Tabu: Erstens sind sie blutsverwandt. Zweitens spielt Geld eine Rolle. Wer ist näher am Tabubruch? **Vera Drombusch und Ludwig Burlitz** oder **Susanne von Guldenburg und Claudio Torres?**

VERWANDTSCHAFTSGRAD

Ludwig ist Veras Cousin. Genauer wird das Verwandtschaftsverhältnis nie analysiert, und man muss in Ermangelung weiterer Informationen davon ausgehen, dass sie Cousins ersten Grades sind.

Susannes Großvater Wilhelm und Claudio Torres Großvater Frederico (geboren als Friedrich von Guldenburg) sind Brüder, Susanne und Claudio sind also Cousin und Cousine zweiten Grades.

Tabu-Punkt für die Drombuschs.

ART DER LIEBE

Ludwig ist in Vera verliebt. Etwa ein Jahr nach dem Tod ihres Mannes Siegfried wird er zudringlicher. Er steht sehr früh auf, um mit ihr zu frühstücken, und reist ihr hinterher. »Vera, falls du vorerst noch nicht heiraten willst, man kann sich auch so gut sein. Das kommt schon«, sagt er. Vera erwidert die Liebe nicht.

Susanne reist mit Claudio nach Brasilien. Sie lieben einander.

Tabu-Punkt für die Guldenburgs.

DAS THEMA GELD

Ludwig hat 25 000 Mark Schulden bei Vera. Als er sich in sie verliebt, nimmt er einen Kredit auf, um sie zurückzuzahlen: »Schulden sind keine gute Basis für ... weißte?« Die Beziehung hängt damit zumindest nicht von Geld ab.

Susanne steht vor der Wahl: Sie kann mit dem Geld von Claudios Großvater ganz Guldenburg retten, wenn sie – das ist die Bedingung – dafür Claudio aufgibt. Sie entscheidet sich für Guldenburg.

Tabu-Punkt für die Guldenburgs: Geld statt Liebe – das sagt nicht jeder laut.

DAS VERHÄLTNIS ZUR NORM

Vera hält sich an die Norm: keine Beziehung zu einem Verwandten.

Susanne und Claudio halten sich ebenfalls an eine Norm: Anders als Normalsterbliche heiraten Adelige auch mal innerhalb der eigenen Abstammungslinie, damit das Erbe und der gute Name in der Familie bleiben. Weiterer Vorteil: Statt eines Wildfremden heiratet man den Cousin zweiten Grades.

In der verwandtschaftsethnologischen Theorie unterscheidet man zwischen Kreuz- und Parallelcousinenheirat. Die Kreuzcousinenheirat bezeichnet die Ehe zwischen Kindern von Geschwistern unterschiedlichen Geschlechts, also etwa mit dem Kind der Schwester des Vaters oder dem Kind des Bruders der Mutter. Die Parallelcousinenheirat bezeichnet die Ehe mit dem Vaterbruderkind oder Mutterschwesterkind – wie bei Kaiser Franz Joseph von Österreich und Sissi. Würden Susanne und Claudio zusammenbleiben, wäre es eine Beziehung zwischen Großvaterbruderkindern, also eine Parallelcousinenbeziehung. Da sie nicht zusammenbleiben, erübrigt sich die Frage, ob sie damit wirklich eine Norm verletzen würden.

Fazit: Da beide Paare ihre Beziehung gar nicht erst eingehen oder schnell wieder lösen, werden alle Tabu-Punkte wieder abgezogen. Dann ist da aber noch die Sache mit dem Geld, das zwischen Susanne und Claudio steht. Den Tabubruch-Contest gewinnen daher knapp die Guldenburgs.

AHNENFORSCHUNG

Familie Tetzlaff

Ein Herz und eine Seele
1973-1976, Westdeutscher Rundfunk, 25 Folgen; von Wolfgang Menge

Man kennt die Serie besser unter dem Stichwort »Ekel Alfred«: Es handelt sich um einen kleinbürgerlichen Spießer, voller Abscheu auf die »Sozen«, voller Verachtung für Frauen, Gastarbeiter, Juden. Diether Krebs spielte in der ersten Staffel den aus der DDR übergesiedelten Schwiegersohn, der den 68ern nahesteht. Das Konfliktfeld ist damit abgesteckt. Und die Sitcom im deutschen Fernsehen angekommen: *Ein Herz und eine Seele* war eine Adaption aus dem britischen Fernsehen.

In frühen Rollen: Hildegard Krekel *(MS Franziska)*, Marieluise Marjan *(Lindenstraße)*

ITALIENISCH FÜR ANFÄNGER

Erfolgreiche Exporte nach Süden

Auch die italienischen Fernsehzuschauer waren in den Achtzigern mit den meisten Familien, die in diesem Buch auftauchen, bestens vertraut. Mit den Tanners aus *ALF* und den Ewings aus *Dallas* sowieso, aber auch mit den Bundys aus *Sposati … con figli* oder den Keatons aus *Casa Keaton.* Und sogar mit den Schumann-Grafs aus *Ho sposato tutta la famiglia,* mit Contessa Guldenburg und Familie aus *L'eredità dei Guldenburg* oder der titelgebenden *La famiglia Drombusch.* Und selbstverständlich mit den Robinsons. Den Robinsons? Ach ja, die Familie Huxtable aus der *Bill Cosby Show* heißt in der italienischen Synchronfassung so wie die ganze Serie: *I Robinson.* Der Name »'Acchestebelle« war den Programmverantwortlichen bei Berlusconis Canale 5 offenbar zu unaussprechlich.

Auch wenn sie also zumindest dem Namen nach nicht zu Italienern wurden – im Gegensatz zur jüdischen Nanny Fran Fine aus *Flushing, Queens,* die zur kernitalienischen Francesca Cacace aus Fosinone bei Rom gemacht worden war –, hat Canale 5 an ihren Dialogen doch ein bisschen herumgefeilt. Am Ende der Pilotfolge der *Bill Cosby Show* will Cliff, vom Nachwuchs gestresst, ein wenig mit Clair im Bett schmusen, die ihn prompt daran erinnert, dass sie auf genau diese Weise ja die Kinder bekommen hätten. Cliff dreht sich kurz weg, um dann brummend einen zweiten Anlauf zu wagen. In der Synchronfassung, die 1986 in italienische Wohnzimmer flimmerte, sagt Clair stattdessen: »Das ist der beste Weg, die Einschaltquoten nach oben zu treiben.« Nach kurzem Nachdenken antwortet Cliff: »Lass uns Berlusconi glücklich machen!«, und stürzt sich auf seine Gattin.

SO WAS WIE FAMILIENWAPPEN

Na Logo

»Drombusch«
Kunst & Antiquitäten

Marion Drombuschs Nobelbar
»Maxims«

Hufschmied
»Seamus McBundy, 1632«,
Eine schrecklich nette Familie

Alex Behringers
Modeboutique **»Chez Alex«**
in *Die glückliche Familie*

»Ewing Oil«,
Dallas

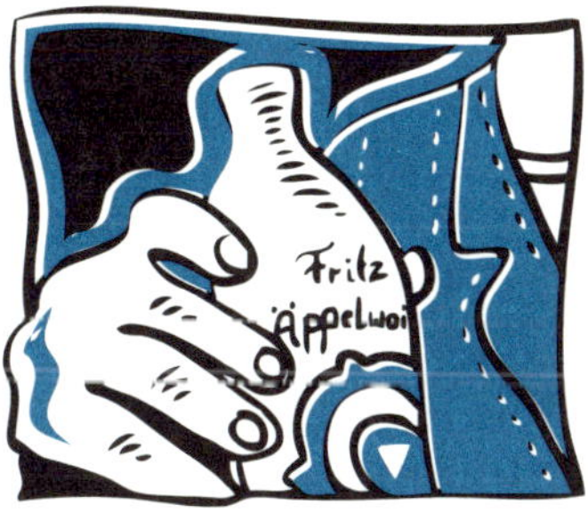

»Fritz Appletizer«, australischer Äppelwoi von Tamis Onkel Fritz in *Die glückliche Familie*

»Balbock Bier«, *Das Erbe der Guldenburgs*

»Guldenburg Bier«, *Das Erbe der Guldenburgs*

Evelyn Lauritzens Modelinie **»Aggressione«**, *Das Erbe der Guldenburgs*

»Lauritzen«, Werbeagentur, *Das Erbe der Guldenburgs*

DALLAS

There Will Be No Blood

Es gibt Menschen, die in *Dallas* eine schlecht erfundene Seifenoper sehen. Wer so redet, hat nicht die nur mit sehr viel Mühe durchschaubare Konstruktion des Wahnsinns auseinandergenommen, der hier beim Versuch getrieben wird, etwas vom großen Öl-Erbe abzubekommen: Es geht kreuz und quer durch alle Betten. *Dallas* ist eine gut erfundene Seifenoper! Nur die Inzestschranke will einfach nicht fallen. Auch hier gilt: Mit Blutsverwandten paart man sich nicht. (Bringt ja auch nichts: Wer eh schon ein Ewing ist, muss nicht mehr einheiraten.)

BEISPIEL 1: ZÄRTLICHE COUSINEN

Die Cousins Christopher Ewing und John Ross Ewing III. heiraten in der *Dallas*-Fortsetzung (2012) nacheinander Pamela Rebecca Barnes, die Tochter von Christophers Adoptivonkel Cliff Barnes (der nur der Halbbruder von Christophers Adoptivmutter ist).

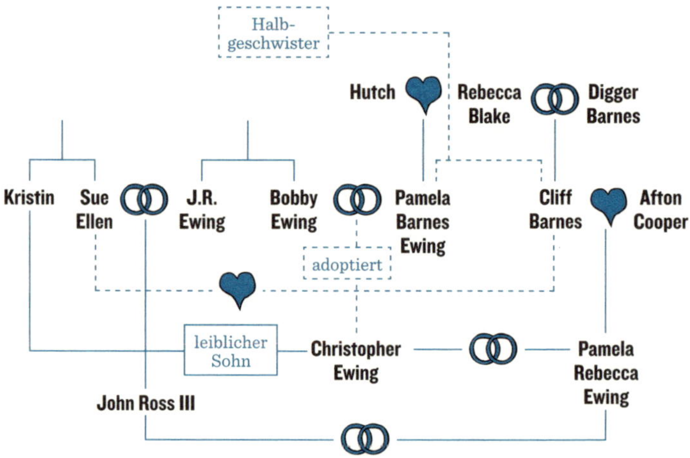

Christophers Adoptivonkel väterlicherseits ist der leibliche Vater von John Ross III., J.R., welcher der geschiedene Schwager von Christophers leiblicher Mutter Kristin Shepard ist. Die Mutter von John Ross III., Sue Ellen, hatte vor dessen Geburt eine Affäre mit Pamela Rebeccas Vater Cliff Barnes. Dass Cliff der Vater von John Ross III. ist, wurde durch einen Bluttest ausgeschlossen.

Pamela Rebeccas Mutter, Afton Cooper, ist übrigens die Schwester des Exmanns von Lucy, der Cousine von John Ross III. und Christopher, aber das führt nun vielleicht doch zu weit.

BEISPIEL 2: DAS ÜBER-KREUZ-MODELL

J.R., Bobby und Gary Ewing haben einen Cousin und eine Cousine, Jack und Jamie, die Kinder ihres Onkels väterlicherseits: Jason. Jack ist eine Zeitlang verheiratet mit April Stevens, die später Bobby Ewing heiratet, während Jamie eine Weile mit Cliff Barnes verheiratet ist, dem Halbbruder von Bobbys erster Frau Pamela. Aprils Schwester Michelle heiratet später noch Cliff. Aber erst nachdem Michelle mit James Richard Beaumont verheiratet gewesen ist, dem unehelichen Sohn von J.R.

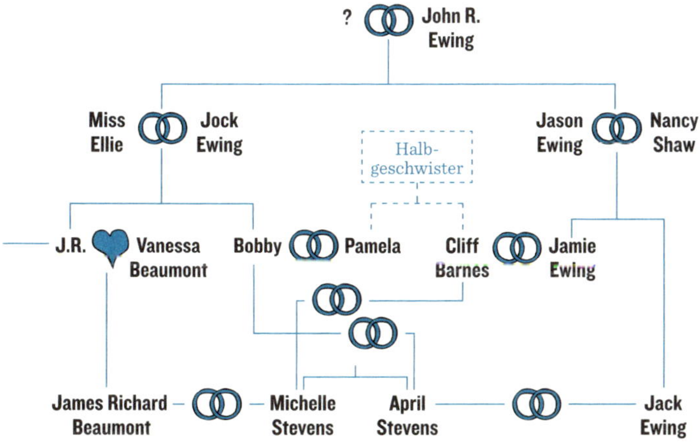

DALLAS VS. DAS ERBE DER GULDENBURGS

Ländervergleich

SOUTHFORK RANCH, WOHNORT DER EWINGS

Adresse: 3700 Hogge Road, Parker, Texas

In den Geschichtsbüchern seit: 1978

Entfernung zu Nachbarn: ca. 400 Meter

Heute genutzt als: *Dallas*-Museum und »Touristenmekka« mit Hotel

Größe des mietbaren Konferenz- und Veranstaltungsbereichs: ca. 5850 qm

Was man hier heute tun kann: heiraten wie die Ewings; J.R.s Pistole anschauen; *Dallas*-Souvenirs kaufen; eventuell in den Swimmingpool hüpfen

Pferde: Ausritte möglich, also Pferde

Bedeutung der Fernsehserie für den Ort: zentral

SCHLOSS WOTERSEN, WOHNORT DER GULDENBURGS

Adresse: 21514 Wotersen
In den Geschichtsbüchern seit: 14. Jahrhundert
Entfernung zu Nachbarn: ca. 800 Meter
Heute genutzt als: Firmensitz, Konferenz- und Partylocation, Bühne des »Schleswig-Holstein Musik Festivals«
Größe des mietbaren Konferenz- und Veranstaltungsbereichs: ca. 3200 qm
Was man hier heute tun kann: heiraten wie der Landadel; Teambuilding; ein Spanferkel essen; Klassikkonzerte hören
Pferde: Es gibt Pferdeboxen, eine Reithalle und eine Haferscheune - dummerweise sind das heute Veranstaltungsräume
Bedeutung der Fernsehserie für den Ort: gering

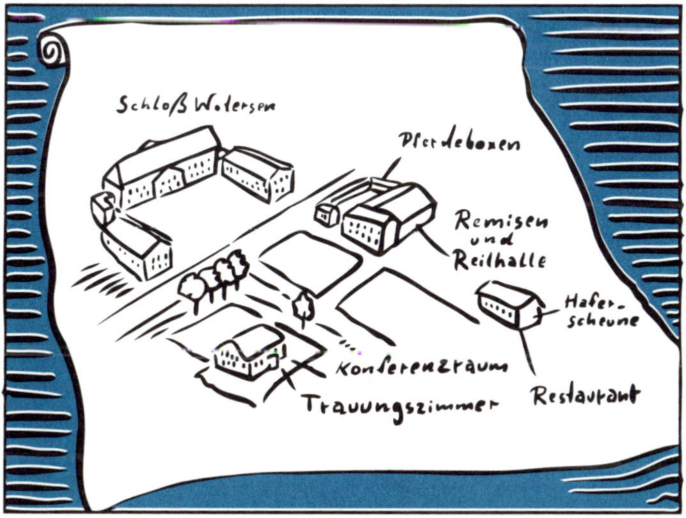

DER KATER, DER RÜDE, DER GESCHÄFTSMANN

Dreimal Lucky

DER KATER

Familie: Tanner
Adresse: 167 Hemdale Street, Los Angeles
Rasse: American Shorthair
Größe: ca. 35 cm hoch, ca. 4,5 kg schwer
Ernährung: ALF hätte große Lust auf Lucky-Chili oder frisch gepressten Lucky-Saft. Hätte!
Erstmals zu sehen: *ALF,* Staffel 1, Folge 1
Geschichte: ALF unternimmt einige Versuche, Lucky zuzubereiten – er hypnotisiert ihn (Willie: »Lucky, hör nicht auf ihn, du bist kein Krapfen!«) oder nennt ihn Juicy (Katzensaft ist auf Melmac ein Mittel gegen Schluckauf). Doch Kates Warnung fruchtet: »Alles, was du dieser Katze antust, tue ich dir an.« Lucky stirbt in der 4. Staffel, und die Tanners holen sich eine neue Katze. ALF schlägt den Namen Flipper vor, aber sie wird auf Lucky II getauft.

DER RÜDE

Familie: Bundy
Adresse: 9764 Jeopardy Lane, Chicago
Rasse: vermutlich Cavalier King Charles Spaniel
Größe: ca. 32 cm hoch, dem Futteraufkommen bei den Bundys nach zu schließen eher leicht, also knapp 5 kg
Ernährung: problematisch, Bud und Kelly fühlen sich nicht zuständig
Erstmals zu sehen: *Eine schrecklich nette Familie,* Staffel 10, Folge 3
Geschichte: Als der Briard Buck, der Haushund der Bundys, stirbt, entscheidet im Himmel eine Kommission über seine Reinkarnation. Buck möchte ein Adler werden. Die Kommission

wird allerdings geleitet von einem Kater namens Felix. Er findet heraus, wie viele Katzen Buck in seinem Leben vor Autos gejagt hat, und schickt Buck als Hund zurück auf die Erde – als Spaniel namens Lucky. Zu den Bundys.

DER GESCHÄFTSMANN

Familie: Lucky aus der Familie der Feldens
Adresse: eine Villa in der Nähe von München
Gattung: Mensch
Größe: einige Zentimeter größer als Angelika Schumann, also schätzungsweise 1,82 Meter
Ernährung: Champagner
Erstmals zu sehen: *Ich heirate eine Familie,* Folge 13
Geschichte: Lucky Felden (Peer Augustinski) ist ein Millionenerbe, Geschäftsmann und ziemlicher Schnösel, der eine Kinderbekleidungsfirma gekauft hat. Werner Schumann gestaltet die Werbekampagne für die Firma, was endlich mal wieder Asche bringt. Angi Schumann, die eine Kinderboutique betreibt, ist das Werbegesicht. Angi verbringt so viel Zeit auf Modemessen und mit Lucky, dass sie zu spät zu einer Hochzeit und in den Familienurlaub kommt. Werner ist *not amused.*

Gern benutzte Beleidigungen

DIESE DROMBUSCHS

Mistfliege (Marion zu Thomi)
Dusslige Kuh (Thomi zu Marion)
Krawallo (Chris zu Thomi)
Schutzmann (Marions Freund zu Thomi)
Arsch (Thomi zu Marions Freund)
Wahnsinnskloß (Vati zu Thomi, weil der seine Silvesterkracher im Kachelofen versteckt hatte)
Giftgriffel (Chris über Journalisten)
Trödelpeter (Vera zu Sigi)
Rübe (Ludwig zu Woody)

DIE GLÜCKLICHE FAMILIE

Gurke (Maria zu Tami)
Mein altes Mädchen (Florian zu Maria)
Depp (Maria zu Florian)
Schmierfink (Alex zu Tami)
Computerziege (Maria über Iris Berben)
Trottoirkacker (Florian über Hunde)
Gockel, Auerhahn (Maria über Florian)
Klobürste (Florian über Maria mit neuer Frisur)
Pascha (Alex über Florian)

EINE SCHRECKLICH NETTE FAMILIE

Dumpfbacke (Al zu Kelly)
Stinker (Peggy zu Al)
Schlampe (Kelly zu Bud)
Free Willy (Al über seine Schwiegermutter)
Quadratarsch (Al über eine beliebige Kundin)
Hühnchen (Al über Marcy)

ORTE DER HANDLUNG (I)

Deutschland von Süd nach Nord

Die Strecke München – Gräfelfing – Darmstadt – Berlin – Berlin-Steglitz – Wotersen ist **1251 Kilometer** lang.

ORTE DER HANDLUNG (2)

USA von Ost nach West

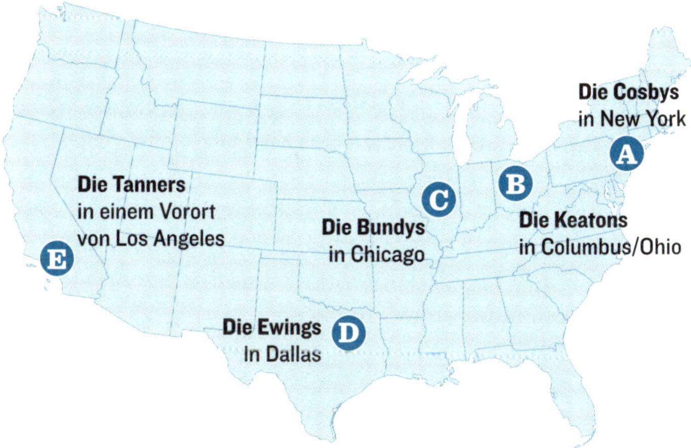

Die Strecke New York – Columbus – Chicago Dallas – Los Angeles ist **5241 Kilometer** lang.

BILDUNGSFERNSEHEN (I)

Arbeiter x Stunden = Meter?

Wo Familien sind, sind Hausaufgaben zu erledigen. Zum Beispiel bei den Drombuschs:

Thomi Drombusch, der ein guter Geiger, aber kein guter Schüler ist, hat eine Fünf in Mathe. Also wird jetzt geübt. Die Hausaufgabe, die er lösen soll, lautet:

»47 Arbeiter bauen einen Eisenbahndamm. Der Damm wächst täglich um 12 Meter, und zwar bei einer Arbeitszeit von 8 Stunden. Um wie viel Meter mehr würde der Damm wachsen, wenn 63 Arbeiter bei einer Arbeitszeit von 9 Stunden daran arbeiten würden?«

Vater Sigi sagt zurecht: »Wenn 47 Arbeiter in 8 Stunden 12 Meter bauen, dann bauen doch nicht 63 Arbeiter in 9 Stunden nullkommanix.«

Mutter Vera kann immerhin mit einem Ergebnis aufwarten. Es lautet 18,09. Sie hat einen Verwandten angerufen, der ihr das verraten hat. Dem aufmerksamen Leser ist natürlich sofort aufgefallen, dass das Ergebnis eigentlich 6,09 lautet – gefragt wird schließlich nicht, um wie viel Meter der Damm wachsen würde, sondern um wie viele Meter mehr. Aber vergessen wir die Haarspaltereien.

Thomi teilt mit: »Oma hätte mir das viel besser erklärt.« Also vermutlich im Sinn von: hätte ihm zumindest irgendwas erklärt.

Und wer sich jetzt fragt, wie man auf 18,09 kommt – hier der Rechenweg:

47 Arbeiter
8 Stunden

47 x 8
56
32
―――
376 Stunden

376 Stunden = 12 Meter
1 Stunde = x Meter

12:376=0,0319
00
120
00
1200
1128
720
376
3440
3384
56

63 Arbeiter
9 Stunden

63 x 9
27
54
―――
567 Stunden

567x0,0319
000
000
1701
567
5103
―――
18,0873 Meter

≙18,09 Meter

18,09
12,00 -
6,09 Meter
═══

BILDUNGSFERNSEHEN (2)

Was berührt mich der Tangens?

Wo Familien sind, sind Hausaufgaben zu erledigen. Auch in einer glücklichen Familie:

Alex wird, beinahe volljährig und von der Schule zunehmend entnervt, im Unterricht an die Tafel beordert, um folgende Aufgabe zu lösen.

»Wenn gilt:
r = 5 cm
p = 4 cm
l = 3 cm
Wie groß ist Tangens Alpha?«

Alex kennt einen Lösungsweg und beschreitet ihn mit der Würde einer 17-Jährigen:

»Stellen Sie sich doch mal vor, das da ist die Erde«, sagt sie zur Lehrerin und deutet auf den Kreis. »Das hier unten ist die Südhalbkugel. Da leben die, die nichts zu fressen haben, aber das lernt man ja hier an der Schule nicht. Und das da oben im Norden mit den dicken Bäuchen und den vollgestopften Hirnen, das sind wir.« Jetzt spricht sie die Lehrerin direkt an: »Sie wollen gar nicht wissen, was in Wirklichkeit auf der Welt abgeht. Stimmt's, oder hab' ich Recht? Denn in der Wirklichkeit ist es für Sie wichtig, dass Ihre Gleichung auf dem Papier aufgeht. Ich höre einen gewaltigen Schrei aus dem Universum: Ich bin Mathematiklehrerin geworden, weil ich es leider nicht zu einem Chip auf der Computerplatine gebracht hab.«

Als Anerkennung bekommt Alex statt einer »Fünf« einen Direktoratsverweis und geht wenig später von der Schule ab.

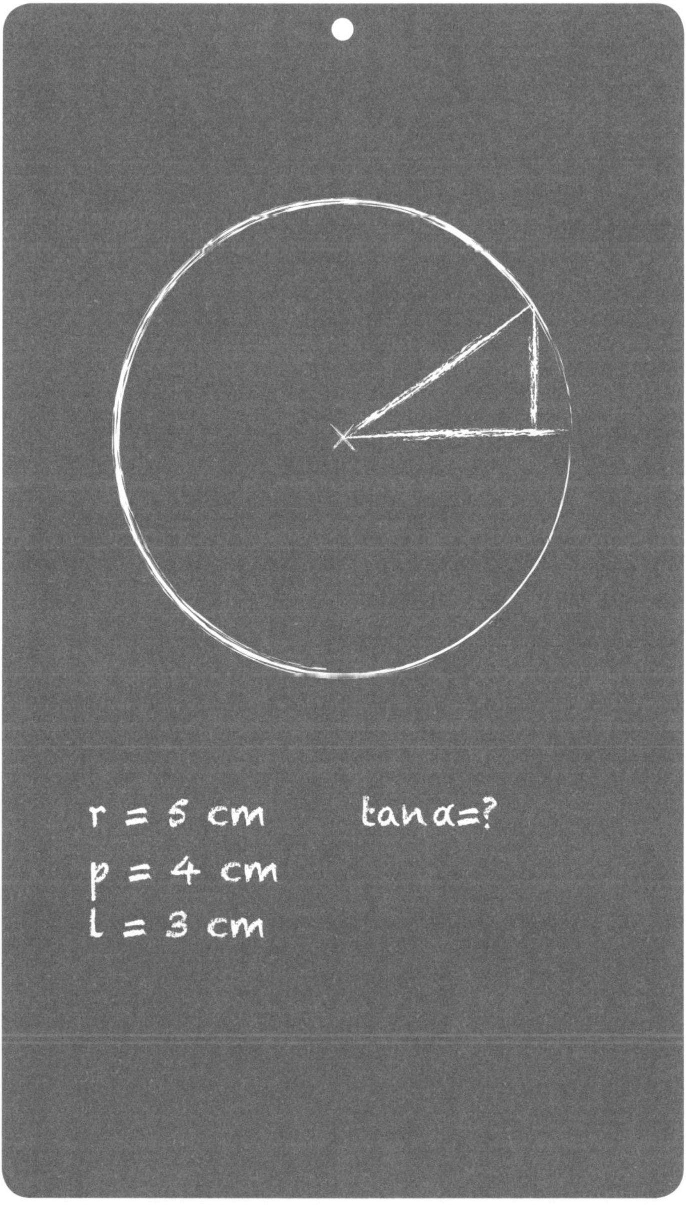
r = 5 cm
p = 4 cm
l = 3 cm
tanα=?

QUARTETT

Unter die Haube geblickt

FERRARI 328 GTS

Lynn Tanners Auto in *ALF*

Baujahr	**1985**
Türen	**2**
Sitzplätze	**2**
Leistung	**270 PS**
Höchstgeschwindigkeit	**263 km/h**
Länge	**4255 mm**
Breite	**1730 mm**
Verbrauch	**14 l/100 km**
Leergewicht	**1273 kg**

Familientauglichkeit: sehr gering. Ein Zweisitzer ist schließlich kein Fünfsitzer.
Weitere Einsätze: *Manta, Manta*
Info: ALF verkauft das Gold aus seinem Raumschiff, um Lynn das Auto schenken zu können.

MERCEDES R 107 (380 SL)

Bobby Ewings rotes Cabrio in *Dallas*

Baujahr	**1981**
Türen	**2**
Sitzplätze	**2 plus komfortfreie Rückbank**
Leistung	**218 PS**
Höchstgeschwindigkeit	**215 km/h**
Länge	**4390 mm**
Breite	**1790 mm**
Verbrauch	**18,5 l/100 km**
Leergewicht	**1640 kg**

Familientauglichkeit: Bobby hat viermal geheiratet und dazu noch einen nichtehelichen Sohn.
Weitere Einsätze: *Hart aber herzlich, American Gigolo*
Info: Im Lauf der Serie wurde das Auto erneuert; einem 450 SL folgten der hier beschriebene 380 SL und der 560 SL.

PLYMOUTH DUSTER

Al Bundys »Dodge«

Baujahr	**1971**
Türen	**2**
Sitzplätze	**4-5**
Leistung	**157 PS**
Höchstgeschwindigkeit	**177 km/h**
Länge	**4785 mm**
Breite	**1803 mm**
Verbrauch	**- l/100 km**
Leergewicht	**1340 kg**

Familientauglichkeit: geht so. Wenn Buck mitfährt, wird es hinten eng.
Weitere Einsätze: *ALF* (Trevor Ochmoneks Auto)
Info: Al nennt das Auto Dodge. Duster und Dodge ähneln einander aber auch wie ein Auto dem anderen.

PORSCHE 924

Werner Schumanns Auto

Baujahr	**ab 1976**
Türen	**2**
Sitzplätze	**4**
Leistung	**125 PS**
Höchstgeschwindigkeit	**204 km/h**
Länge	**4213 mm**
Breite	**1685 mm**
Verbrauch	**7,7 l/100 km**
Leergewicht	**930 kg**

Familientauglichkeit: für eine Familie mit drei Kindern gering.
Weitere Einsätze: *Dallas* (Lucys Auto)
Info: Der Volksporsche sieht sportlicher aus, als er ist. Werner tauscht ihn bald gegen etwas Größeres (vgl. »Familientauglichkeit«).

MERCEDES BENZ W 201 190

Werner Schumanns übernächstes Auto

Baujahr	1982
Türen	4
Sitzplätze	5
Leistung	122 PS
Höchstgeschwindigkeit	195 km/h
Länge	4448 mm
Breite	1680 mm
Verbrauch	9 l/100 km
Leergewicht	1670 kg

Familientauglichkeit: gegeben.
Weitere Einsätze: *Manta Manta*
Info: Zwischendurch fuhr Werner noch VW Passat, aber der Mercedes wurde zum dauerhaften Familienwagen.

JAGUAR XJ6

Das Unfallauto des Grafen Martin von Guldenburg

Baujahr	**1969**
Türen	**4**
Sitzplätze	**4-5**
Leistung	**186 PS**
Höchstgeschwindigkeit	**204 km/h**
Länge	**4815 mm**
Breite	**1770 mm**
Verbrauch	**16 l/100 km**
Leergewicht	**1700 kg**

Familientauglichkeit: Wenn kein ordentliches Auto zur Hand ist, geht's auch mal hiermit.
Weitere Einsätze: *Der Sechs-Millionen-Dollar-Mann*
Info: Der Jaguar des Grafen überschlägt sich in der ersten Episode. Der Graf stirbt, und das Kuddelmuddel beginnt.

OLDSMOBILE STARFIRE

Denise Huxtables erstes Auto

Baujahr	1962
Türen	2
Sitzplätze	5
Leistung	345 PS
Höchstgeschwindigkeit	193 km/h
Länge	5385 mm
Breite	1981 mm
Verbrauch	18,6 l/100 km
Leergewicht	1953 kg

Familientauglichkeit: Platz genug für alle Huxtables wäre nicht.
Weitere Einsätze: *Daydream Believers: The Monkees' Story*
Info: Denise hat Glück, denn sie kommt zum halben Preis an dieses bestens erhaltene Schmuckstück.

KADETT D

Das Reisevehikel von Oma Käthe und Opa Walter

Baujahr	**1983**
Türen	**5**
Sitzplätze	**4**
Leistung	**60 PS**
Höchstgeschwindigkeit	**145 km/h**
Länge	**3998 mm**
Breite	**1636 mm**
Verbrauch	**9,5 l/100 km**
Leergewicht	**1004 kg**

Familientauglichkeit: Für Kleinfamilien durchaus brauchbar. Vor allem aber: seniorentauglich.
Weitere Einsätze: *Derrick*
Info: Käthe und Walter wollen mit dem Wagen eigentlich nach Palermo.

KURZE AUFMERKSAMKEITSSPANNE

Die sprunghafte Denise

10 Dinge, die Denise Huxtable angefangen und dann wieder aufgegeben hat:

1. Eislaufen
2. Gitarre spielen
3. Tennis
4. Skilaufen
5. Ballett
6. Yoga
7. Töpfern
8. Schneidern
9. Bogenschießen
10. College

BESETZUNGSWECHSEL

Ein ganz neues Gesicht

Von manchen Mitgliedern unserer Fernsehfamilien hätten wir heute wohl ein grundsätzlich anderes Bild, wenn die Macher bei ihren ursprünglichen Castingideen geblieben wären.

Werner Schumann – Harald Juhnke
Denise Huxtable – Whitney Houston
Alex P. Keaton – Matthew Broderick
J.R. Ewing – Robert Foxworth
(Chase Gioberti in *Falcon Crest*)
Al Bundy – Michael Richards
(Kramer in *Seinfeld*)
Übrigens: Sowohl Franziska Schumann als auch Rudy Huxtable sollten laut Drehbuch Jungen sein.

AHNENFORSCHUNG

Familie Mack

Familie Mack verändert sich
1969, ZDF, 6 Folgen;
von Peter Schubert

Nachdem Oberamtmann Robert Mack Gelder unterschlagen hat, wird er zu einer Haftstrafe verurteilt, und seine Frau muss sich alleine um die drei Kinder kümmern. Sie ziehen um, um dem Tratsch zu entgehen; ein Sohn wird Gammler. Mutter verliebt sich in einen anderen. Eine Familienserie mit einem sehr außergewöhnlichen Konzept also.

Wer mitspielte: Gustav Heinemann, der damalige Bundespräsident und ehemalige Justizminister, nahm am Ende jeder Folge Stellung zu den gezeigten Auswirkungen des Strafvollzugs (und bekam dafür einen Bambi).

PRAKTISCHE PRÜFUNG

Wenn Frauen fahren lernen

In den Achtzigern galten Frau-am-Steuer-Witze noch als echte Schenkelklopfer, die jede Familienserie aufpeppten. Führerscheinprüfungen waren jedenfalls vor allem dann ein Thema, wenn sie eine Person mit zwei X-Chromosomen ablegen musste:

Hannelore Wichert zum Beispiel entscheidet sich erst mit Ende 40, den Führerschein zu machen. Weil die Kinder davon nichts erfahren sollen, übt sie mit ihrem Mann heimlich auf einem Parkplatz hinter dem Olympiastadion, kommt aber furchtbar mit den vielen Pedalen durcheinander. Zu allem Überfluss tauchen auch noch Rüdiger und Andy auf, und Hannelore ergreift mit quietschenden Reifen die Flucht. Als die Enkel Opa Walter, immerhin ehemaliger Chef der Berliner Polizeifahrschule, von den Ambitionen seiner Tochter erzählen, ist der entsetzt, denn: »Sie konnte als Kind nicht mal richtig Dreirad fahren.«

Kaum mehr familiäre Unterstützung gibt's bei den Keatons: Als Mallory ihren Führerschein machen will, übt sie zuerst mit Bruder Alex. Der kommt kreidebleich von der ersten gemeinsamen Tour zurück. »Ich dachte, ich würde dieses Haus nie wiedersehen.« Also übernimmt Vater Steven das Training. Diesmal trifft Mallory fröhlich zu Hause ein und verkündet, sie habe gerade ihre beste Fahrstunde gehabt. Kurz danach erscheint ihr Vater in Begleitung eines Polizisten, der auf inständiges Bitten hin zwar von einer Anzeige für die Verstöße gegen jede nur denkbare Verkehrsregel absieht, aber Steven anfleht: »Bitte halten Sie sie von der Straße fern!« Ach ja, Alex trägt noch die Stoßstange ins Haus.

Mit selbiger hat übrigens auch Hannelore Wichert ihre Probleme: »Warum heißt eine Stoßstange ›Stoßstange‹, wenn ich sie nicht berühren darf?«, fragt sie empört ihren Vater, als sie ihn schließlich doch davon überzeugt hat, ihr Unterricht zu geben. Letzteres, indem sie ihm auf die Nase bindet, dass Gatte Eberhard seinerzeit ganze 24 Fahrstunden gebraucht habe.

Bei Tanja Graf sind es kurz vor dem 18. Geburtstag bereits 33 Übungsstunden. Aber: »Der Fahrlehrer ist sehr zufrieden mit mir.« Das glaube er gern, meint Werner. »Für den bist du ja eine sichere Erwerbsquelle, fast schon eine Rente.« Zum Geburtstag wünscht sich Tanja auch noch ein Auto, aber den Zahn zieht ihr Werner gleich. Findet sie gemein, denn wozu macht sie überhaupt den Führerschein?

Da hat es Denise Huxtable besser. Als sie den Führerschein bekommt, will sie ihr Erspartes für das dazugehörige Auto ausgeben. Das führt erst zu dem üblichen »Du-hättest-gar-nix-wenn-wir-nicht-alles-bezahlen-würden«-Stunk mit den Eltern, dann aber doch zu einem Happy End, als ein zufällig anwesender Handwerker den Wagen seiner Tante Margret anbietet – einen 1962er Oldsmobile Starfire, dessen Preis Cliff Huxtable auf 850 Dollar runterhandelt.

Als Jahre nach Mallory auch Jennifer Keaton den Führerschein machen will, erinnert die sich an die Schwierigkeiten der großen Schwester und will statt vom Vater lieber von ihrer Mutter unterrichtet werden. Doch davon will der sonst so progressive Steven nichts wissen. So landet Jennifer schließlich doch auf einer Übungsfahrt mit Dad – allerdings daheim in der Küche. Vier Stühle aufgebaut, Mutter und große Schwester auf die Rückbank verfrachtet, und los geht die imaginäre Tour. Allerdings fährt Jennifer schon fiktiv derart wild, dass Steven schließlich entnervt an seine Frau übergibt.

Da beweist der olle Preuße Walter Pinnow mehr Durchhaltevermögen. Seine Hannelore coacht er bis zur erfolgreich bestandenen Prüfung. Und schon vorher hat er der Tochter stolz bescheinigt: »Du hast fahrtechnisches Talent, Instinkt, den gewissen Biss...«

So muss sie eben sein, die Frau am Steuer.

FLEISSIGE HELFER

Downton Abbey am Fichtenberg

In den Achtzigern – die Älteren werden sich erinnern – war es für eine Durchschnittsfamilie völlig undenkbar, ihren Alltag ohne die Hilfe von Hauspersonal zu bewältigen. Jedenfalls ist das der Eindruck, den einem unsere Fernsehfamilien vermitteln. Zumindest eine Haushälterin mussten die schon haben. Eine Typologie der »Perlen«:

DIE BESITZERGREIFENDE – FRAU RABE

Fast könnte man meinen, Werner Schumanns Haushaltshilfe wäre auf Lebenszeit verbeamtet, so viele Freiheiten nimmt sie sich bei der Erfüllung ihrer Pflichten. Im Haushalt macht sie, was sie will, und das erst recht, seit Angi im Haus wohnt. Dass die ihr »ihren« Herrn Schumann weggeschnappt hat, verzeiht Frau Rabe ihr nie. Und so bleiben Angis Blusen stets ungebügelt.

DIE HAUSHÄLTERIN DER HAUSHÄLTERIN – FRAU HOFFMANN

Ob es nun übertriebenes Verständnis für Frau Rabes eigenwillige Arbeitsauffassung oder ein subtiler Versuch ist, sie aus dem Haus zu drängen: Die Schumann-Grafs stellen tatsächlich eine Haushaltshilfe ein, um ihre Haushälterin zu entlasten. Das passt Frau Rabe aber gar nicht, und sie kündigt. Dass nun Frau Hoffmann unauffällig ihren Job macht, ist Frau Rabe, inzwischen Poppe, aber auch wieder nicht recht. Als sie Frau Hoffmann wegen Krankheit vertritt, versucht sie gleich, die Konkurrentin dauerhaft zu vergraulen. Die Hauspersonalbranche ist ein Haifischbecken.

DIE INKOMPETENTE – KAREN NICHOLSON

Die Haushaltshilfe, die die Keatons einstellen, als Elyse zum vierten Mal schwanger ist, erweist sich als gänzlich unfähig zur Hausarbeit. Karen ist eine Tochter aus reichem Hause, die sich das Kochen und Putzen erst beibringen will. Die Tatsache, dass sie von der umwerfenden Geena Davis gespielt wird, erlaubt es ihr allerdings, sich wenigstens einmal nützlich zu machen: als Alex ein Date für eine Party seiner Studentenverbindung sucht.

DIE STILLE – TERESA

Die Haushälterin der Ewings ist weit und breit die einzige Latina im Serien-Texas. Sie trägt eine adrette Dienstmädchenuniform und hat sich schön im Hintergrund zu halten. Ihr Text beschränkt sich meist darauf, um ihren freien Abend zu bitten. Zur Seite steht ihr Hausdiener Raoul, aber der hat noch weniger zu sagen. Beide sind schließlich ausreichend damit beschäftigt, den Ewings Kaltgetränke auf die Veranda zu bringen.

DIE NICHT GANZ SO STILLE – ERNA

Wo die einen schweigen, hat die fränkische gute Seele der Behringers zu allem eine Meinung, ständig etwas zu meckern und mischt sich überall ein. Sie liest ihren Arbeitgebern sogar ungebeten deren Post vor – zumindest die Postkarten, weil das Briefgeheimnis ja schließlich kein »Bosdgadngeheimnis« sei. In Wahrheit hat sie aber doch ein gutes und vor allem weiches Herz. Was sich leider auch zeigt, als sie dem altungarischen Heiratsschwindler Sándor von Kontz auf den Leim geht.

DIE AUFSTEIGERIN – JOHANNA KRÖGER

Die Haushälterin auf Schloss Guldenburg und ihr Mann Friedrich, seines Zeichens Chauffeur der gräflichen Familie, sind ein Domestikenpaar wie aus dem 19. Jahrhundert. Doch für die nächste Generation geht es steil nach oben: Immerhin bekommt Krögers Sohn Tobias ein Kind mit Grafentochter Nane. Der soziale Aufstieg ist gar nicht so beispiellos. Brauereimagnatin Margot Balbeck war schließlich auch mal Dienstmädchen bei den Guldenburgs.

DEUTSCH-FRANZÖSISCHES JUGENDWERK

Austauschschülerinnen

Es war die Dekade von *La Boum* und Vanessa Paradis: In den Achtzigern war die deutsch-französische Freundschaft noch mal richtig sexy. Man denke nur an Traumpaare wie Helmut Kohl und François Mitterand oder Harald Juhnke und Mireille Mathieu. In guten Familien wurde auch der Schüleraustausch gepflegt. Sowohl die Beimers als auch die Schumann-Grafs nahmen Gastschülerinnen bei sich auf. Aber bei wem quartierte sich eigentlich die französischere Französin ein?

La Famille	Beimer	Schumann-Graf
Mademoiselle	Dominique Mourrait	Nicole Dupont
Actrice	Brigitte Annessy (damals Anfang 20)	Jocelyn Boisseau (damals schon über 30)
À la mode de...	Bonjour tristesse	Jules et Jim
Paroles, paroles	»Papa, tu's nicht!«	»Wenn ich bin gekommen, mein Herz war sehr verwundert.«
Cohabitation	Plus: Versteht sich gut mit Benny und Klausi. Minus: Betrügt Helga Jahre später um 70 000 Euro.	Fühlt sich wie zu Hause: »C'est votre maison? C'est très jolie! Et très calme!« – Einen besseren Start kann sie bei Angi kaum hinlegen.
Grande École	Hervorragende Schülerin.	Bleibt nicht lang genug, um das zu beurteilen, aber ihr Deutsch ist klar verbesserungsfähig.
Haute Couture	Bringt Pariser Chic und klassische Eleganz in die Lindenstraße 3.	Besitzt offenbar nur eine einzige Jacke: ein rotes Puffärmelmodell irgendwo zwischen Trachtenjacke und Matrosenhemd – sicher nicht der Dernier Cri.

Amour fou	Verliebt sich erst in Expfarrer Mathias Steinbrück und entliebt sich später wieder, während Papa Jean-Luc ein Verhältnis mit Tanja Schildknecht pflegt.	Brennt mit Tanjas Freund Ben nach Paris durch.
Quel drame!	Kämpft mit Magersucht, Alpträumen, will lange nicht mit ihrem Vater sprechen, weil sie (fälschlich) glaubt, er habe ihre Mutter ermordet. Typische Pariser Oberschichtsprobleme also. Dagegen helfen Therapie und der gute Wille der Beimers. Zum Dank kommt Dominique ein Jahrzehnt später nach München zurück und versucht, Helga bei einer fingierten Kunstauktion zu betrügen. Gefängnis ist die gerechte Strafe.	Abgesehen davon, dass sie sich in den Freund ihrer Austauschpartnerin verliebt, eigentlich ganz pflegeleicht.
Très française?	Oh là là!	Mais oui.

SONGS, DIE ES INS ECHTE LEBEN SCHAFFTEN

Zwei Kinderlieder

»BABY I'M BACK IN LOVE AGAIN«, TINA YOTHERS

Textkostprobe:

»Over and over and over again / I've seen love happen and I've seen it end / I've been hurt so many times before / And maybe too often / I shouldn't trust my heart anymore / But I know it's different now.«

Musikalischer Stil:

Typischer Achtziger-Jahre-Synthesizerpop, irgendwo zwischen der frühen Madonna und der noch früheren Tiffany.

Bandgeschichte:

Die Schülerinnenband von Jennifer Keaton heißt zuerst optisch durchaus zutreffend »The Permanent Waves«, also »Die Dauerwellen« (Keyboarderin »Kitten« wurde übrigens gespielt von Christina Applegate alias Kelly Bundy), und bemüht sich beim ersten Auftritt noch um die Original-80s-Coolness der Backgroundmusikerinnen von Robert Palmer. Dann übernimmt Bruder Andrew ihr Management, modelt sie zu einer Andrews-Sisters-Kopie namens »The $winging Corporate Raiders« im Fünfzigerjahre-Look um und schickt sie so sogar auf Tour. Doch zum Schluss befreit sich die Combo aus Andrews Vormundschaft, Tina streift eine lässige Jeansjacke über das Petticoat-Kleid und singt endlich den einen Song, der ihr so richtig aus dem Herzen spricht.

Charterfolg:

Blieb weitgehend aus. Ob's daran lag, dass Tina Yothers für eine 14-Jährige ein bisschen sehr arg von der Liebe gebeutelt klang? Die Single floppte jedenfalls, trotz Anschubs durch eine der seinerzeit populärsten Fernsehserien Amerikas.

»DIE KUH«, MINI PIGS

Textkostprobe:

»Die Kuh hat keinen Führerschein, kein Fahrrad und auch nur einen Schuh / Sie hat nur 'nen Regenschirm, und alles was sie sagen will ist: Muh! / Hollaru-ooh / hollaru-ooh /hollaru-ooh / hollaru-uuh!«

Musikalischer Stil:

Verspäteter Ableger der Neuen Deutschen Welle, textlich in der Tradition ihrer eher dadaistischen Spielart à la Trio.

Bandgeschichte:

Der 16-jährige Benny Beimer stößt zur Band »Mini Pigs«, die Toni, Conny und Sepp, alle längst erwachsen, gegründet haben. Benny spielt Schlagzeug, geübt wird im Hobbykeller der Lindenstraße Nr. 3. Hausmeisterin Else Kling bekommt täglich 10 DM »für Watte«, um über den Lärm hinwegzuhören. An Silvester 1987 haben die Mini Pigs dann mit dem Song »Die Kuh« ihren ersten Auftritt auf der Bühne des Restaurants Akropolis. Es folgen noch weitere Gigs, unter anderem die unvergessliche Darbietung zu Helga Beimers Geburtstag, als Klausi von den Mini Pigs begleitet die Mutterhymne »Meine Mama« zu Gehör bringt.

Charterfolg:

Die Mini Pigs schafften es Anfang 1988 bis auf Platz 20 der deutschen Single-Charts, hatten Auftritte in der ZDF-Hitparade und bei Formel Eins und verkauften insgesamt mehr als 100 000 Schallplatten. »Die Kuh« landete auf Platz 150 der deutschen Jahrescharts.

WETTSTREIT DER METROPOLEN

Paris vs. Gütersloh

Eberhard Wichert wird von seinem Arbeitgeber, der Möbel-Union, in die Firmenzentrale im westfälischen Gütersloh berufen. Dort arbeitet er zwar in verantwortungsvoller Stellung, dafür aber unter der Woche getrennt von seiner Familie. Er mietet sich in Gütersloh eine kleine Wohnung und pendelt an den Wochenenden nach Berlin.

Werner Schumann steht vor der Frage, ob er ein ähnliches Arrangement eingehen soll, als ihm angeboten wird, eine Werbeagentur in Paris zu leiten. Auch für ihn hieße das: unter der Woche Arbeit in einer fremden Stadt, am Wochenende Heimkehr zu Frau und Familie nach Berlin. Doch er entscheidet sich dagegen. Aber warum eigentlich?

Der große Städtevergleich zwischen dem Zentrum Frankreichs und dem des Kreises Gütersloh.

Paris und Gütersloh in den Achtzigern		
	Paris	**Gütersloh**
Einwohner	ca. 2,2 Millionen	ca. 80 000
Bürgermeister	Jacques Chirac (RPR)	Karl Ernst Strothmann (CDU)
Anbindung an Berlin (West)	Air-France-Flug nach Berlin-Tegel, ca. 2 Stunden	Autofahrt über Transitstrecke, ca. 4 Stunden, zzgl. Wartezeiten an den Grenzübergängen
Bestes Restaurant	Lucas Carton, 9 Rue de la Madeleine (3 Michelin-Sterne)	Landhaus Altewischer, Alte Spexarder Str. 7 (1 Michelin-Stern)
Modegetränk	Kir Royal	Herrengedeck
Größter Arbeitgeber	Öffentlicher Dienst	Bertelsmann

Modetrendsetter	Jean-Paul Gaultier	Modehaus Finke
Coolster Nightlife-Spot	Le Palace	Zappelfete in der Weberei
Wichtigstes Bauprojekt der Dekade	Grande Arche de la Défense	Freizeitbad »Die Welle«

Fazit: Als Berliner den Ku'damm gegen Güterslohs Einkaufsmeile einzutauschen, das mag ja noch angehen. Die heißt ja immerhin Berliner Straße. Aber warum um alles in der Welt sollte man sich mit den Champs-Élysées begnügen?

AHNENFORSCHUNG

Familie Leitmüller

Familie Leitmüller
1966-1967, Südwestfunk,
2 Folgen; von Martin Morlock

»Das sorgendurchpulste, doch stets sonnige Treiben der Folgen-reichen TV-Sippschaften scheint ihm«, dem Autor Morlock, » ›das typischste und zugleich verlogenste‹ Stück deutschen Fernsehschaffens«, schrieb der *Spiegel.* Morlock versuchte sich an einer Parodie. Die erste Folge (»Alle meine Forellen« – da trafen sich *Alle meine Tiere* und *Der Forellenhof)* handelt von einer Familie, deren Fernseher ausfällt und die beschließt, selbst wie eine Fernsehfamilie zu leben. »Dem Doktor-Vater zur Seite steht eine ›wunderbar funktionierende‹ Gattin, die neben der reibungslosen Ehe einen Schwarzwälder Hotelbetrieb führt.« Folge zwei ist eine Raumpatrouille-Persiflage. Danach war wegen Misserfolgs schon Schluss, die Parodie auf Bernhard Grzimeks *Ein Platz für Tiere* bekam kein Zuschauer mehr zu sehen.

GEFAHR IM STRASSENVERKEHR

Unfalldramen

Wer stirbt? Rüdiger Wicherts Schwiegermutter Gräfin Strelenau
Unfallhergang: Gräfin Strelenaus Taxi fährt zu schnell und nimmt einem Abschleppwagen die Vorfahrt.
Letzte Worte: »Bitte fahren Sie nicht so schnell! Vorsicht!«

Wer stirbt? Martin Graf von Guldenburg
Unfallhergang: Der von Chauffeur Kröger gesteuerte Wagen des Grafen kommt durch das waghalsige Überholmanöver eines Autofahrers auf der Gegenspur von der Straße ab.
Letzte Worte: »Ich werde mal weniger an die Arbeit und mehr an das Leben denken. Um Gottes willen, was macht der denn?!«

Wer stirbt? Katja Behringers Verlobter Dr. David Lang
Unfallhergang: Katja und Dr. Lang fahren im Jeep eine kurvige Bergstraße in Jugoslawien entlang, als plötzlich ein Eseltreiber die Straße quert und Dr. Lang die Kontrolle über den Wagen verliert.
Letzte Worte: (vor der Abfahrt; direkt vor dem Unfall sagt Dr. Lang nichts, nur Katja ruft: »Pass auf!«)

»Nach wiederum drei Tagen und drei Nächten stieg der Geliebte durch ihre Tränen und durch die Kraft ihrer Liebe auferweckt aus dem vermeintlichen Grab und schenkte ihr 5000 Rubine als Unterpfand ihrer ewigen Liebe und Treue.« Katja: »Ist die Geschichte wirklich wahr?« Dr. Lang: »Jetzt ist sie wahr.«

Wer stirbt? Mickey Trotter, Cousin von Southfork-Vorarbeiter Ray Krebbs (erholt sich nach dem Unfall kurz, fällt dann ins Koma, schließlich leistet Ray verbotene Sterbehilfe und schaltet die Maschinen ab)
Unfallhergang: Eine betrunkene Sue Ellen will nach einem Streit mit J.R. im Auto die Ranch verlassen. Mickey springt zu ihr in den Wagen, um sie zu stoppen. Am Ausfahrtstor von Southfork werden sie von einem vorbeifahrenden Auto gerammt (absichtlich, wie sich später herausstellt, von einem Geschäftspartner J.R.s, der eigentlich ihn treffen wollte)
Letzte Worte: »Mrs. Ewing, bitte halten Sie den Wagen an! Sie sollten jetzt nicht fahren! Bitte, Mrs. Ewing! Ich werde Sie aufhalten, ob Sie wollen oder nicht. Langsamer! Vorsicht!«

Wer stirbt? Stefan Nossek
Unfallhergang: Der durch Klausi Beimers Luftgewehrschuss erblindete Nachbar Nossek will die Lindenstraße überqueren und bemerkt ein herannahendes Auto nicht.
Letzte Worte: Nossek sagt nichts. Aber seine Lebensgefährtin Bianca Guther und ihre Arbeitskollegin Beate Flöter auf der anderen Straßenseite versuchen, ihn zu warnen: »Vorsicht, ein Auto. Mensch, Stefan, ein Auto!« Beate: »Jetzt bleib doch stehen!« Bianca: »Neeeeein!!«

RONALD REAGAN

Willkommen, Mr. President!

Bekanntlich war US-Präsident Ronald Reagan in seinem ersten Leben Film- und auch Fernsehschauspieler. Vielleicht hatte er deswegen ja solch ein Herz für unsere TV-Familien der Achtziger.

DIE EWINGS

Als im März 1980 auf J.R. Ewing geschossen wurde und damit die 3. Staffel von *Dallas* endete, mussten die Zuschauer über ein halbes Jahr auf die Auflösung warten, wer denn bloß der Schütze war. In der Zwischenzeit machten Aufkleber und T-Shirts die Runde, auf denen über den möglichen Täter gewitzelt wurde: »I shot J.R.« zum Beispiel. Und Präsidentschaftskandidat Reagan ließ Buttons herstellen, die verkündeten: »Ein Demokrat hat auf J.R. geschossen.« Die Serie *Dallas,* und vor allem J.R.s Ethos, so hat ein amerikanischer Fernsehkritiker später gesagt, sei die »Verkörperung der Reagan-Ära gewesen, bevor wir überhaupt ahnten, dass es eine Reagan-Ära geben würde«. Den Nominierungsparteitag für Ronald Reagans zweite Präsidentschaftswahl 1984 hielten die Republikaner denn auch folgerichtig in Dallas ab, wo die Delegierten die Southfork Ranch besichtigten. Larry Hagman hatte übrigens seine ganz eigene Ansicht über den Präsidenten: »Reagan war ein Arschloch.«

DIE TANNERS

ALF nimmt in der Folge »Großer Mann, was nun?« der ersten Staffel über Willies Funkgerät Kontakt zu Air Force One auf, um nukleare Abrüstung zu verlangen. Schließlich gelingt es ihm sogar, Präsident Reagan persönlich an die Strippe zu bekommen. Die Zuschauer hören nur seine Stimme – im Original gesprochen vom Schauspieler Harry Shearer, der auch bei »Saturday Night Live« oft den Präsidenten imitierte: »Fangen Sie nicht wieder mit diesen Bonzo-Filmen an. Ich hatte keine Wahl. Ich stand unter Vertrag.« Anfang der Fünfziger hatte Reagan an der Seite des Schimpansen Bonzo gespielt, eine Rolle, über die sich seine politischen Gegner besonders gerne lustig machten. Kurz nach ALFs Telefonat stürmt das FBI das Haus der Tanners. Im wirklichen Leben beurteilten die Geheimdienstler den Außerirdischen offensichtlich nicht als ganz so großes Risiko: 1987 jedenfalls war ALF Ehrengast bei Nancy Reagans Weihnachtsfeier im Weißen Haus.

DIE HUXTABLES

Bill Cosby ist eingefleischter Demokrat und war auch alles andere als ein Freund Reagans. Das schützte ihn aber nicht davor, von ihm vereinnahmt zu werden. Der Präsident schätzte seine Serie über alle Maßen. Schließlich waren Cliff und Clair Huxtable so familienorientiert, wie es die Reagan-Regierung predigte. Sie waren beruflich erfolgreich und wohlsituiert, achteten aber dennoch darauf, ihren Kindern den Wert eines Dollars zu vermitteln. Sie waren schwarz, aber gutbürgerlich und wurden von der weißen Mittelschicht nicht als bedrohlich wahrgenommen. Linke Kritiker fanden die Huxtables deshalb geradezu reaktionär: Schwarze, die es nicht so gut hätten, müssten sich in Reagans Amerika nun sagen lassen, sie sollten sich doch die Huxtables zum Vorbild nehmen. In Wahrheit half das Porträt einer ganz normalen schwarzen Familie langfristig aber wohl mehr den Demokraten als den Republikanern. Nach Barack Obamas Wahl 2008 befand die *New York Times,* Bill Cosby habe ihm den Weg bereitet. Kronzeugen der *Times* unter anderem: Bush-Berater Karl Rove und – Bill Cosby.

DIE KEATONS

Im Zentrum von *Familienbande* sollten eigentlich die hippiesken Eltern Steven und Elyse stehen, ihre Kinder waren eher als

Nebenfiguren gedacht – und im Vorspann der ersten Staffel darum auch kaum zu sehen. Aber nach dem großen Erfolg jener Episode, in der Alex seine Jungfräulichkeit an eine ältere Studentin verliert, die mit ihm die Begeisterung für Milton Friedman und die Ökonomen der Chicago-Schule teilt, rückten die Autoren den Sohn immer mehr in den Mittelpunkt. Und so wurde Michael J. Fox' Figur zur Gallionsfigur der Yuppie-Ära und zum Idol der Konservativen. Alex war begeisterter Reagan-Fan, und das beruhte auf Gegenseitigkeit. 1985 erklärte Ronald Reagan, dass *Familienbande* seine Lieblingsserie sei, und machte sogar das Angebot, in der Sendung aufzutreten. Die Produzenten zogen es allerdings vor, nicht darauf einzugehen. Republikanische Politiker, die in den Achtzigern aufwuchsen, nennen noch heute nicht selten als ihr erstes politisches Vorbild: Alex Keaton.

AHNENFORSCHUNG

Familie Scholz

Die Unverbesserlichen
1965-1971, Norddeutscher Rundfunk, 7 Folgen; von Robert Stromberger

Erstmals in einer deutschen Fernsehfamilie ist die Mutterfigur hier die zentrale. Knapp 20 Jahre vor den *Drombuschs* schrieb Stromberger diese bis heute populäre Serie, und wer mag, kann in den *Drombuschs* hier und da eine Weiterentwicklung der *Unverbesserlichen* sehen: Inge Meysel ist als Käthe Scholz die »Mutter der Nation« – eine Schneiderin und Hausfrau, die den Laden zusammenhält. Es geht um handfeste und letztlich doch platzende Träume, Fußballtoto- und Lottogewinne, Konsumgüter, eine stressige Oma, flügge werdende Kinder.

LEBENSHILFE

Wie Mütter Frust abbauen

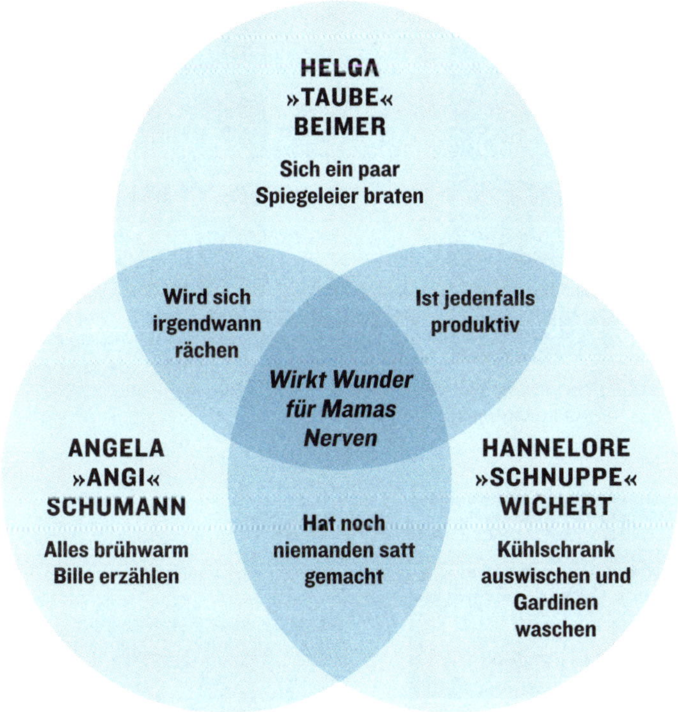

FRAGWÜRDIGE MODEENTSCHEIDUNGEN

Hübsch hässlich

Tanja Schumanns Traumkleid für den Werbeball

Das Pailletten-Top, das **Achim Lauritzen** in *Das Erbe der Guldenburgs* trägt, als Jan Balbeck ihn erschießen will

Jennifer Keatons Bühnenoutfit beim letzten Auftritt mit ihrer Schülerinnenband

Bille Vonhoffs *(Ich heirate eine Familie)* gewagtes Lederschwulen-Ensemble

Das Brautkleid, das Alex Behringer für ihre Schwester **Katja** entwirft

Das Brautkleid, das **Katja** stattdessen später trägt

Sue Ellen Ewings Brautkleid (stellvertretend für all ihre anderen Schulterpolsterexzesse)

Das Goth-Aerobic-Outfit von Benny Beimers erster Liebe **Beate Flöter**

Theo Huxtables Hemd, das ihm Denise schneidert, nachdem er sich das Original des Designers Gordon Gartrelle nicht leisten kann

DIE FITNESSLÜGE

Ich geh mal eben Schr... joggen

Eines Tages stellt Angie fest, dass Werner vielleicht ein Spürchen zu dick ist, und schenkt ihm, zu sehen in der Episode »Heimlichkeiten«, einen wunderschönen blauen Jogginganzug. Am nächsten Morgen weiht Werner ihn ein. Vom Haus läuft er in ein Café, in dem er sich beim Frühstücken mit Marmelade bekleckert, so dass Angie ihm dummerweise auf die Schliche kommt. Mit Schrippentüten kommt Peter Weck (der Name!) alias Werner später zurück, keinen Schweißtropfen auf der Stirn.

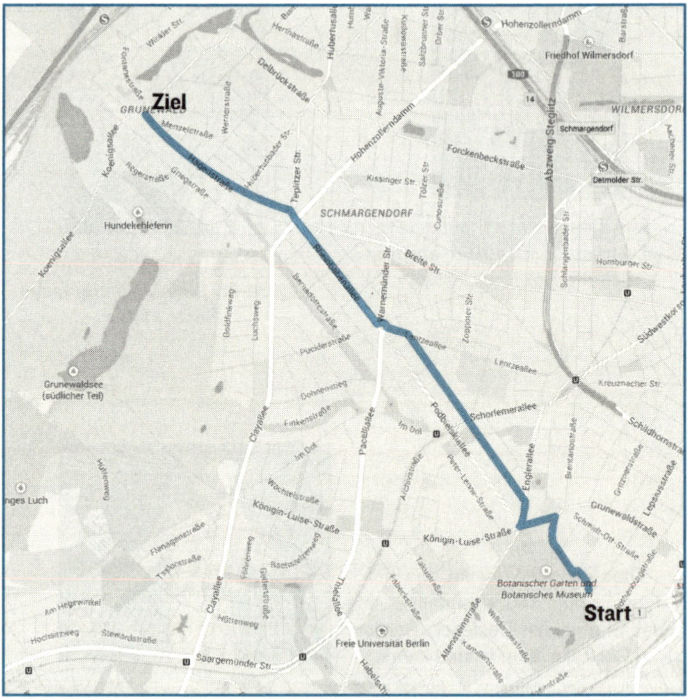

Um vom Berliner Serien-Haus (Am Fichtenberg) in besagtes Café, das Café Wiener (am Hagenplatz), zu gelangen, müsste Werner zunächst 170 Meter nach Nordwesten auf die Zeunepromenade, nach 450 Metern links auf die Königin-Luise-Straße, dann nach 240 Meter rechts in die Englerallee. Keine 200 Meter später links in die Schweinfurthstraße, etwa 1,4 Kilometer später links auf die Lentzeallee, weiter über den Platz am Wilden Eber und von dort rechts in die Rheinbabenallee. Dann nach links in die Hagenstraße, und zack: Nach 1,2 Kilometern gibt es Frühstück (B). Insgesamt sind das 4,9 Kilometer. Respekt!

Nicht auszuschließen ist, dass Peter Weck in Wirklichkeit die Strecke nicht joggte, sondern ein Auto bestieg. Diese Filmleute haben ja so ihre Zaubertricks.

AHNENFORSCHUNG

Beamtentochter Marion & Arbeiter Jochen

Acht Stunden sind kein Tag
1972, Westdeutscher Rundfunk, 5 Folgen; von Rainer Werner Fassbinder und Peter Märthesheimer

Fassbinder fürs Fernsehen, das heißt, es gab einen Adolf-Grimme-Preis, die Serie wurde aber nach 5 Folgen abgesetzt. Die Beamtentochter Marion und der Werkzeugmacher Jochen lieben einander; Marions bürgerliches Umfeld aber stellt die Liebe infrage. Weitere Themen: überhöhte Mietpreise, der Alltagsrassismus gegenüber Gastarbeitern, Mitbestimmung im Betrieb ... Fassbinder, der sagte, er habe keine Heile-Welt-Serie machen wollen, konzipierte die Arbeiter als Helden, die ihr Leben in die Hand nehmen. Fassbinder-Anhänger fanden's trotzdem eher lasch.
Wer mitspielte: Hanna Schygulla, Gottfried John

NACHZÜGLER

Liebeskummer und Windeln

In Familienserien der Achtzigerjahre wird die Kinderproduktion über ungewöhnlich viele Jahre ausgedehnt. In acht Familien wird noch eine Figur nachgeschoben, als die großen Geschwister längst in der Schule sind.

DIE KLASSISCHE ZEUGUNGS-VARIANTE

Familienbande Die drei ersten Kinder der Keatons sind zwischen 1965 und 1972 geboren. Alex 1965, Mallory 1967, Jennifer 1972. 1984 tröpfelt Andrew hinterher.

Lindenstraße Marion Beimer, 1969 geboren, ist die älteste Tochter der Beimers. Ihr Bruder Benny ist 1971 geboren. Klausi kommt 1978 zur Welt.

Diese Drombuschs Die Geschwister Marion und Chris Drombusch stehen mitten im Leben, als die Serie beginnt. Chris arbeitet bereits als Polizist. Der kleine Bruder Thomi ist da noch nicht einmal in der Pubertät.

ALF Die Tanners bekommen nicht nur einen Außerirdischen, als Lynn schon ein Teenager ist und der jüngere Bruder Brian sechs Jahre alt, sondern am Ende der 3. Staffel noch ein Baby namens Erik. Brian ist bei Eriks Geburt schon acht oder neun. ALF bemüht sich übrigens vergeblich um seine Adoption durch die Tanners.

DIE ADOPTIONS-VARIANTE

Die glückliche Familie Tochter Katja Behringer ist zwölf, Tochter Alex zirka acht Jahre alt, als ihre Cousine Tami geboren wird. Als Tami zwei ist, verunglücken ihre Eltern – Vater Florian Behringers Bruder und dessen Frau. Tami wird daraufhin von den Behringers adoptiert.

DIE OMA-OPA-VARIANTE

Die Bill Cosby Show Die Huxtable-Kinder heißen, von alt nach jung: Sondra, Denise, Theodore, Vanessa und Rudy. Rudy ist fünf, als die Serie beginnt, Vanessa – die Zweitjüngste – ist elf. In Staffel sechs wird die Familie ergänzt durch Sondras vierjährige Stieftochter Olivia. Das ist die Enkelgeneration, aber egal: Es ist ein neues Kind in einer Protagonistenrolle.

DIE PATCHWORK-VARIANTE

Ich heirate eine Familie Die Grafs/Schumanns sind eine frühe Patchwork-Familie: Mutter mit drei Kindern plus ein neuer Mann, während die Kinder nach wie vor Kontakt mit ihrem leiblichen Vater haben. Die leibliche Tochter von Angie und Werner, die schließlich geboren wird, heißt Franziska; die drei größeren sind am Ende, gerade in und kurz vor der Pubertät.

DIE SEITENSPRUNG-VARIANTE

Das Erbe der Guldenburgs Graf Martin hat aus erster Ehe die Kinder Thomas und Evelyn, aus zweiter Ehe die Kinder Alexander und Susanne. Susanne ist 18, als die Serie beginnt. Thomas, der älteste Sohn, ist zu diesem Zeitpunkt 33. Und dann wäre da noch Martin de Angeli, der uneheliche Sohn des Grafen. Er ist gerade im Grundschulalter.

DIE AL-BUNDY-VARIANTE

Eine schrecklich nette Familie Der kleine Seven taucht eines Tages auf und geht nicht mehr weg. Es ist der siebte Sohn von Verwandten der Bundys. Er ist einer der am wenigsten geliebten Nachzügler der Seriengeschichte: Weil die Zuschauer die Figur nicht mochten, verschwand Seven auch schnell wieder. So was geht bei den Bundys. Allerdings nur bei den Bundys.

EHEN VOR GERICHT

Warum man sich scheiden lässt

Es gibt sicher gute Gründe zu heiraten, aber was eine echte Fernsehfamilie ist, findet auch gute Gründe, sich wieder zu trennen. Hier sind drei:

DIE EHELEUTE HABEN KEINE ZEIT FÜREINANDER

Achim und Evelyn von Lauritzen lassen sich in *Das Erbe der Guldenburgs* scheiden, weil Achims Tag laut Evelyn so aussieht:

- 8 Stunden Schlafen
- 10 Stunden Büro
- 2 Stunden Geschäftsessen
- 2 Stunden Geschäftsreise (im Schnitt)
- 1 Stunde für diverse Freundinnen
- 60 Minuten Ehe
- Diese 60 Minuten Ehe unterteilen sich laut Evelyn in
  - 45 bis eher 55 Minuten Streit sowie
  - 15 bis eher 5 Minuten Glück
  - 5 Minuten Glück pro Tag in 14 Jahren Ehe = 3 Tage Glück

Achim:
»Das waren die drei glücklichsten Tage meines Lebens.«
Evelyn:
»Was für ein Aufwand.«

ER HAT EINE JÜNGERE

Die Lieblingsehe der deutschen Fernsehzuschauer kennt Höhen und Tiefen, und dazu gehören ein Neuanfang (man tapeziert zusammen die Bude), aber auch das Ende: In der Ehe von **Mutter und Hans Beimer** in *Lindenstraße* läuft es nicht mehr ganz so rund, als Hans die frisch getrennte Nachbarin kennenlernt, Anna Ziegler. Ein paar Monate später sieht Mutter Beimer, dass Anna schwanger ist, und berichtet ihrem Mann davon. Dann kommt der kleine »Tiger« Tom auf die Welt, der dummerweise Hans' Sohn ist. Und als Hans dann Anna, die auf Unterhaltszahlungen verzichtet, bittet, ihn öfter sehen zu dürfen, verlangt Mutter Beimer eine Entscheidung: entweder für seine Familie oder für seine andere Familie. Hansi schläft dann erst mal im Hobbykeller.

SIE KÄMPFEN NICHT UMEINANDER

Als die Zeitschrift *Stern* die Serie *Dallas* besprach, war die Rede von einer »Mischung aus Sex, Reichtum, Dreistigkeit und psychischem Elend der handelnden Personen«. Man kann es auch so sagen: Die Geschichte von *Dallas* ist die der Liebe und des Streits. Scheidungen sind daher echte Höhepunkte. Und sie stecken schon in der DNS der Serie.

In *Dallas* wird zwar vor allem geheiratet, um Zugriff auf das Ewing-Erbe zu bekommen. Aber die Figuren sind nicht nur kalkulierende Aasgeier, sondern auch Menschen, die geliebt werden wollen.

Nicht Intrigen oder Unternehmensstrukturen liefern also den Rahmen für die Handlung, sondern die Familie. Und Familie ist in *Dallas* definiert als die Beziehung von Eltern zu ihren Kindern – wie die von Miss Ellie zu Bobby und J.R –, nicht die zwischen Eltern.

Wie Teenager, die sich ausprobieren, sich verlieben und Schluss machen, lassen sich **Sue Ellen und J.R.** mehrfach scheiden, ebenso **Lucy und Mitch. Pamela und Bobby** lassen sich ebenfalls scheiden, und Jock war vor der Ehe mit Miss Ellie auch schon mal verheiratet. Um nur mal die Wichtigsten zu nennen.

Die Figuren, das fällt auf, kämpfen nicht umeinander. Problem in der Beziehung? Okay, tschüss. Man kann sagen, das Geheimnis der großen Scheiderei in *Dallas* besteht darin, dass die Ehe hier nicht als Bund fürs Leben verstanden wird.

Wie dieses Buch entstanden ist

Was die Leute denken, wie dieses Buch entstanden ist

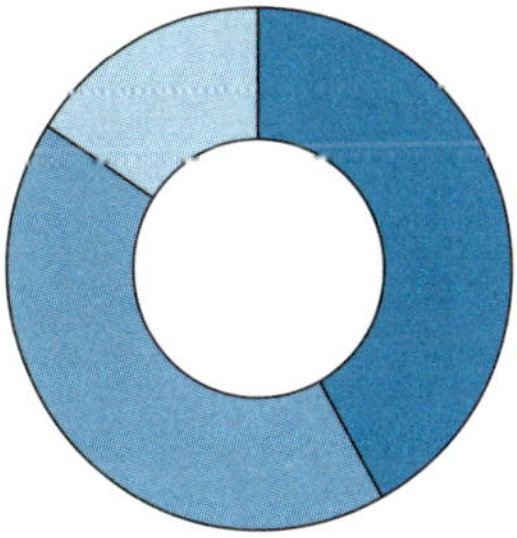

- fernsehen
- googeln
- aufschreiben

Was die Autoren glauben, wie dieses Buch entstanden ist

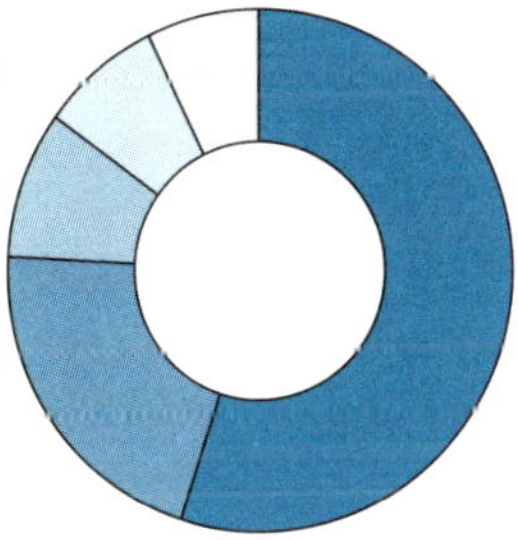

- fernsehen
- über Umschlaggestaltung und Titel diskutieren
- in Bibliotheken recherchieren
- seriös im Internet recherchieren
- Niederschrift

Was die Grafiker denken, wie dieses Buch entstanden ist

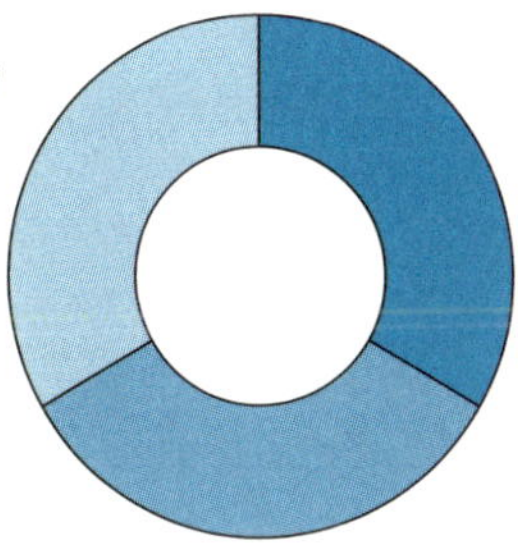

- Autoren sehen fern
- Grafiker arbeiten
- Der Verlag kann sich nicht auf einen Umschlag einigen

Bildnachweise:
Kartenausschnitt S. 152: (C) 2015 GeoBasis-DE/BKG ((C) 2009), Google
Abbildungen S. 45: www.thecosbysweaterproject.com